ダンナ様はFBI

田 中 ミ エ

幻冬舎文庫

ダンナ様はＦＢＩ

はじめに

それは私が30歳を迎えた頃。長年の夢だった広告の仕事に就いて数年、仕事が楽しくて仕方がなかった私の前に、ある日突然、変なガイジンが立ちはだかります。

彼は私が生まれて初めて出会ったアメリカのＦＢＩ捜査官。ＦＢＩ（Federal Bureau of Investigation 米国連邦捜査局）の仕事の内容は日本の刑事に似ています。州ごとに独立した警察組織を持ち、適用される法律も違うアメリカで、ＦＢＩは州を越えて犯罪捜査を行う権限を持っています。麻薬ルートを探るようなときには国の壁を越えての捜査もできました。捜査権限が強大な分、極秘事項も多く、捜査官は普段はできるだけその身分を明かさないようにしています。家族にも絶対に話せない、危険で際どいミッションを負うことも日常茶飯事です。

激しい競争を勝ち抜いて就いたＦＢＩの仕事にやりがいを感じながら、いつまでこの過酷な仕事を続けられるかと思い始めていた彼は、仕事でやってきた日本で偶然、私に出会います。そしてロマンティックからは程遠い出会いだったにもかかわらず、彼はなんと、私と新しい人生を歩く決心をしてしまったのです！

彼の誠実で一途な思いに引かれ（強引さに押し切られ!?）、私は頬を染めて幸せな花嫁に……なるまではよかったのですが、その結婚生活は半端なものではありませんでした。言葉が違う、文化が違う、考え方が違うという国際結婚お約束の三重苦！　それに加えて彼は、すさまじい正義漢かつワーカホリック。ＦＢＩで鍛えられたスキルを駆使して、新婚の家庭生活の危機管理に、妻のキャリアアップに、途方もないエネルギーを注ぎ始めたのです‼

すべてはダーリンの愛情深さゆえと理解しながら、心底びっくりすることばかり起きる日が何年も続きました。振り返って、よくこんなジェットコースターのような日々を過ごしてきたと驚くほどです。

傍《はた》から見たらドタバタ喜劇でしかない私たちの結婚生活。でも私たちにとっては、派手なキャリアと外見の割には不器用このうえないダーリンが日本の地に新しい根を下ろし、同じくワーカホリックだった私が、ダーリンの愛情あふれる指南によって、人生の新しい意義を見出《みいだ》していく、成長の軌跡でもあります。

「本当にこんなことがあったの？」と笑いとばしていただきながら、ダーリン渾身の「愛の掟《おきて》」が、少しでもみなさまのお役に立てたら、こんなに嬉しいことはありません。

ダンナ様はFBI　目次

PART-1 運命のダーリンがやってきた

PART-2

愛のささやきは「フォー ユア セイフティ」

PART-3

FBI直伝・家庭も仕事も楽しむ10の掟

PART-4

FBI直伝・自分の魅力をアップさせる10の掟

PART-5

日本の安全はボクが守る

イラストレーション　つぼいひろき
本文デザイン　TYPE FACE

ダーリンことジム@元FBI捜査官

- 身　　長　187センチ
- 体　　重　102キロ
- 性　　格　頑固、シャイ、お節介
- 趣　　味　空手（3段）、危機管理
- 好　　物　刺身、焼き魚、大福
- 嫌いな物　イクラ、ウニ、豚の角煮、納豆

PART-1

運命のダーリンがやってきた

私の行く手をさえぎったダークスーツの大男

あの日、私は息を切らしながら地下鉄の階段を駆け上がっていた。私の仕事のクライアントである外資系化粧品会社の重役たちが来日している。次のシーズンの広告の企画を検討するために打ち合わせに呼ばれていたのだ。巨大なホテルの30階、スイートルーム。ホテルは駅から2分なんてリーフレットには書いてあるけれど、もちろん地下鉄の駅から30階のスイートルームまでは、澄まして広いフロントを横切ったりしつつ10分はかかる。そのときは約束に間に合うかどうかぎりぎりの3時10分前だった。

私の仕事はフリーランスのコピーライターである。キャッチフレーズや文章を書いて雑誌広告や新聞広告、コマーシャルなどを作る。また、新聞に人物の取材記事を毎週掲載するという、時間との競争の仕事もやらせてもらっていた。その日は直前にあった取材で話が盛り上がり、予定時間をオーバーして話していたために遅れそうになっていたのだった。

ドキドキするけど落ち着かなくちゃ。エレベーターの中で階数表示をにらみながら、よしっ間に合う、と小さくガッツポーズをして30階到着。ドアをこじ開けるようにして飛び出し、走っちゃダメだ、バタバタするなと自分に言い聞かせて歩き出した。そのとたんのことだった。

「エクスキューズ　ミー、ここから先はいけませんよ」

なんとか私にも分かる英語で話しかけてくる、ダークスーツ姿の大きな外国人男性が、その姿をより大きく見せるようなごつい立ち方で行く手をさえぎった。目が怖い。私は叫んだ。

「すみませんけど、どいてください。部屋で仕事です、もうそこです、プリーズ　ムーブ！」

焦っていた。自分でも何を話しているのか、英語なのか日本語だったのか分からない。小柄な私は、それでも大男を押しのけて先に進もうとしていた。ホテルの人なんだろうか。

なぜ、何の権利があって、ここでお客さんの足止めをするの？

向こうは怖くなかっただろうけど、私はこれ以上できないというくらいの顔でにらんでいた。

大男は穏やかに、しかし十分威圧的な声で説明を始める。

「アメリカのＶＩＰが来ています。私はそのガードをしている者ですが、ここから先は誰も入れるなと言われています。お気の毒ですが帰ってください」

冗談ではないのである。ここは共用の廊下なのに。あなたは自分のボスのドア前で守っていればいいじゃないですか。そう言いたかったのだけれど、説得している時間も惜しい。約束の3時になっていた。立ちはだかるその大きな体の横をすり抜けて、私は強行突破を試みた。もう、どいてっ。

「ノーッ！　ゲット　アウト　ヒア！」

大男はさらに語調が強くなった。私は真剣ににらみ返していた。そのときである。廊下の先のドアが開いてクライアントが顔を出した。ほらね、あなたの声が尋常じゃないからよ。

クライアントは手をひらひらさせて早く入ってこいと言う。

大男はそのクライアントに近寄って、この女性は来る予定だったのかと聞いている。

どこが怪しいの？　スーツを着た、こんなにチビの日本人女性が犯罪者に見えるの？　私はかなり頭に血が上っていたけれど、とにかくクライアントのおかげで検問は通過した。

部屋に入ると、みんなが笑っている。

「彼は優秀なＶＩＰガードだね。ここにいる全員が苦労して部屋に入ったんだぜ」

遅刻した理由は彼のせいだ、と思ってくれたらしくクライアントには、まったく嫌な顔をされなかった。打ち合わせは順調に進み、私は1時間ほどで部屋を出た。あいつはまだずっと同じ場所に立ってにらみをきかせている。挨拶《あいさつ》するのもしゃくだ、と思いながらエレベーターに向かって廊下を歩いていくと、こっちを向いてにやりと笑った。

「どーも」

やれやれという気分でそう言い、どっと疲れが出てきた体を引きずって私はホテルを後にしたのだった。

これがダーリンと私の、ロマンティックからはほど遠い出会いだった。

どうして私の電話番号を知ってるの？

バブルがやってくるのはまだ先の時代、しかし決して売れっ子ではない私のところにも来る仕事が増え始めていた。クライアントである外資系化粧品会社は、広告代理店を通して結構な量の仕事を送り込んでくれていた。

そのおかげで、2日前に打ち合わせに行ったばかりなのに、また滞在先のホテルへ来るようにと連絡が入ってきた。話があるからいらっしゃい、と言われたら断れないのがフリーランスの定めだ。クライアントは1週間ほど、打ち合わせができるリビングルームのついたスイートルームを借り切っている。本来なら日本支社内で行なうはずの会議だが、アメリカ人女性社長の体調がすぐれず、仕事関係者はみなホテルへ出向くことになっていた。そして、今回はなんとか早めにホテルへたどり着くことができた。

コピーライターの頭の中は、いつも何かのキャッチフレーズをひねり出すためにああでもない、こうでもないと、言葉をひっくり返している状態だ。ゆとりがないという以上に、脳みそを何かに占領されている、といったほうが当たっているかもしれない。目配りがきかないし、気持ちがどこかに行っていたりする。その日の私はまさに、間近に迫った別会社のプレゼンテーションに向けて苦しんでいた。おととい、行く手を阻《はば》んだ大きな外人のことなどまったく、きれいに忘れ去っていた。

エレベーターの30階のドアが音もなく開いて、歩き始めるとそこには3人のダークスーツの外国人男性が立っている。おおっ、そうだった、やっと思い出した。VIPのガードがいるんだった。もう事情が分かっていた私は、ご苦労さまという感じで軽く頭を下げてその前を通り過ぎようとした。

すると、真ん中に立っている外人がニヤリと笑いかけてくるではないか。はは〜ん、そうか、君はおとといの強硬《タフ》ガイだね、見覚えがあるよ。まったく、あのときはちょっと迷惑いたしましたわ。そんな気持ちで私も少し微笑《ほほえ》んだ、と思う。

彼が私を足止めしようとしないので、他の2人も動く気配がない。私は難なくその前を通り過ぎ、打ち合わせも無事に終え、「どーも」と声をかけてポタポタとエレベーターに乗り込んで帰ってきたのだった。

そして、その日の夜7時頃、自宅の電話が鳴った。

「ヘロゥ、イズ　ディス　タナカ?」

「うっ、どちらさまですか?　ヘロゥ」

私に外国人男性のお友だちはいない。さては、最近流行し始めたという個人英会話レッスンの勧誘だな。とっさにそう思い込んで、

「イングリッシュ　レッスン?　ノー　サンキュー」

と、下手くそな英語で断った。本当に英会話の勧誘なら、絶好の客がここにいると思われて電話を切ってもらえなくなるほどのお粗末な答え方。しかし、その男性は、はっきり聞こえる英語でゆっくりと話す。

「ノー　ノー、私たちは知り合いです。もう2度も会っていますから」

ちょっと待て。ち、ちょっと、待って。受話器を落としそうになる。自宅の電話番号を知っているような外国人の知り合いはいませ〜ん。が、ふとホテルのＶＩＰガード強硬ガイを思い出した。まさか、あなたは、おとといと今日、Ｔホテルにいた人なの？

「イエ〜ス！　ほらね、すぐ分かったではないですか」

「でも、話もしていません！　どうやって電話番号を知ったのですか？」

「…………」

正直言って気味が悪かった。強硬ガイはしばらく沈黙してから静かにこう言った。

「明日の朝、帰国します。突然電話して、驚かせたと思うけれど私には簡単なことなんです。いろいろ失礼な振る舞いをしてすみませんでした」

プー、プーと切れた音のする受話器をしばらく握っていたが、私はすぐさま、ホテルでの打ち合わせに来ていた広告代理店の営業担当者に連絡を取った。怪しいのは彼だと直感した。

「知らないよ。VIPガードの外国人たちとは立ち話さえもしていない。そんな雰囲気じゃなかったじゃないか。もし仮にだよ、天地がひっくり返って彼が君の電話番号を聞くなんていうありえないことが起きたとしたって、まず、どうするって君に聞きますよ。ほんと、ありえないけど」

ありえない、を連発する営業担当。じゃ、彼は自分で調べたの？　どうやって？　宿泊客じゃないからフロントで名前を書き込んだりしていないし。私の名刺は日本語表記だから、クライアントの女性社長には渡さなかった。彼女は体調が悪くて、ルームサービスで食事をとっている。外にも出ていないはずだ。分からない。

そして、その2日後、また電話がかかってきた。

「ヘロゥ、アイム　ホーム　ナウ」

私はあわてて、乱暴に受話器を置いた。なぜか、背中にぞくっと寒気が走ったのだった。

2年間、毎月1通のエアメール心理作戦

なぜ、電話番号が知れたのかしら。そのことが分からなくて落ち着かなかった。

取材の数も多く、広告の仕事でお目にかかるクライアントやクリエーターも多い。かなりの数の名刺を今までにお渡ししてきたとは思う。でも、私の名刺が相手に渡るとき、必ず名刺交換という儀式があった。自宅に帰って、お目にかかった人の名刺の裏に仕事の案件名や、相手の方の印象などをメモすることがほとんどだ。あの状況で、私の名刺を持っている可能性がある広告代理店の営業担当者は、シロ、だった。

しかし、相手はプロだ。VIPガードで日本についてくるからには情報収集もプロに違いない。学生時代に読んだ海外の推理小説を思い出して、私は無理やり納得することにし、失礼を詫《わ》びてくれたのだからと自分に言い聞かせて、この事態を呑《の》み下してしまおうと決めた。

じゃあ、なぜ「自宅に着いた」などと連絡してくるの？

失礼をお詫びしますで、完結じゃないの？

何度も引っ込んではムクムクと湧《わ》いてくる疑問も、とにかく抑え込むことにした。もしかして私に一目《ひとめ》惚《ぼ》れ？　なんて浮かれた気分も少しあったけど。


得意の忘れ技で気持ちの平安を取り戻してひと月が過ぎた頃、1通のエアメールが舞い込んできた。宛名《あてな》は間違いなく私のフルネームだ。差出人の名前もしっかり書いてあるけれど、住所は私書箱になっている。P. O. Boxと書かれたそばに＊＊＊＊と数字が並び、SF、CA、USAだけの表記だ。アメリカ合衆国カリフォルニア州サンフランシスコ私書箱＊＊＊＊＊。英文の肉筆は達筆のように思える、よく分からないけど。あ、TホテルのVIPガードだ、とさすがに察しがついた。

でも、私の住所まで知っているのに、自分の住所を明かさないことが無性に腹立たしかった。こちらがどんな気持ちになるか分からないのだろうか。ビジネス上の機密事項をやりとりするならともかく、私信ではないか。しかもお互いに住所を教え合ったわけではない。盗住所だ、そんな言葉があるかどうか知らないけど。

読まずにゴミ箱に捨てようとしたのに、なぜかこれ1通だけ読んであげる、という気になったのが不思議だった。アメリカ人もここまで丁寧に詫びるのか、という好奇心があった。

ずっと昔、中学生の頃通訳になりたくて、語学雑誌に載っていたペンフレンド募集の記事に応募して、2、3回書簡を交わしたことを思い出す。コピーライターになってから、外資系の外国人と仕事で会うことはあるけれど、個人で付き合う機会は皆無だったから、ちょっとワクワクする気持ちもあった。

「また、驚かしてしまったことと思います。仕事の特権で住所を調べさせていただきお手紙を書いています。日本は本当に素晴らしい国でした」

ふ〜ん、仕事の特権ってあなた何者なの？　日本は素晴らしい国って、あなた、ずっとホテルの中にいただけじゃないの？　Tホテルは素晴らしいホテルでした、の間違いではありませんか？　などと突っ込みを入れながら、実に読みにくい外国人の手書き文字と格闘したのだった。便箋《びんせん》に1枚だけ。何のことはない、以前にも日本に行ったことがある、いつも穏やかでホスピタリティに溢《あふ》れるたぐいまれな国だ、と書いてある。

ただそれだけだった。日本が素晴らしいからって、私の手柄ではないわ。

もう30歳になる、仕事好きの日本女性の私は、はいどうも、と一人でつぶやきながら返事も書かず、私書箱の住所も控えることなく、そのエアメールを廃棄していた。

2通目が届いたのは、またそれからひと月くらい後だったと思う。差出人の住所はやはり私書箱である。仕事で忙しく、なかなか手紙を書けなかったという書き出しだった。

あのう、なんか変ですよね。私たちってペンパルでしたっけ？

お返事も出していないし、いつの間に、ご無沙汰《ぶさた》をお詫びするようなことになりました？

その手紙には、仕事でロスに行っていたとか、先週はシンガポールに行っていた、あそこは治安がよくて好ましい国だなどととりとめもないことが記してある。

何でしょうか、これ？

空気のような、まるでお役所が作る「お便り」みたいな摑《つか》みどころのなさ。

返事を書く理由も、書くべき内容も思い浮かばないような。

かくして、2通目も放置。こうして毎月一度くらいのペースで「お便り」は届き始め、最後には必ず、日本は素晴らしい国だと書き添えてあった。

結婚してからダーリンにこの手紙のことを聞くと、これも心理作戦だったというのである。まず一つ。何か用件が書いてあれば、受け取ったほうはアクションを起こさなければならない。お返事くださいと書けば、「いやだ」という決定が起きる。つまり、相手にYES、NOの感情を喚起させない方法だったという。

もう一つ。たとえ間隔があいても、定期的なものに人は縛られていく。内容はともかく、またそろそろ届くというぼんやりとした期待を抱くと、人間はそこにつながっている感覚を育てていくというのだ。それには1年以上は必要だ、と。

この手紙は、きっちり2年間続いた。確かに、1年を過ぎた頃から、私は、手紙の到着をどきどきしながら心待ちするようになっていた。そして、何回かに一度は、こちらもポッリポツリと近況を書き送るようになった。ダーリンは、しめしめとほくそ笑んでいたんだそうである。

私はダーリンの心理作戦にしっかりはまっていた。そしてこの手紙の中で、ダーリンの仕事がＦＢＩであることを知ったのだった。

カセットテープの終わりに入っていたのは……

とりとめもない「お便り」が1年半ほど続いた頃、彼はＦＢＩの仕事の過酷さを記し始めるようになっていた。かなり抑えて書いていたとは思うけれど、東京でのほほんと暮らしている身には、十分に異常な世界だった。かつて麻薬捜査官としてアジアの麻薬密造地域に出向いた頃の内容など、想像を絶することばかりだ。銃撃戦もあったらしい。

ダーリンは大学を卒業してから警察官になり、日本で言うところの刑事を目指す。このあたりのプロセスについては、正しいかどうかを私に問わないでほしい。現役刑事の中で試験を受けて合格した人間だけが、ワシントンでさらなる教育を受けたとダーリンは言っている。ＦＢＩになる試験は段階的にいくつもあり、狭き門であったとも。どれだけ倍率が高く、それをクリアした僕はどれだけ勉強したか、という話も結婚してから山ほど聞かされたけれど、その詳細を確認する術《すべ》は私にはない。そしてダーリンも具体的なことは語らない。もちろんＦＢＩで仕事をしていたことを示す書類や写真、証明書や辞令のたぐいはしっかりあるけれど。

ただ、あるときダーリンは、東京でかつての鬼上司に再会することになる。それも、女房である私が取材する相手、として。だから私は、ダーリンがＦＢＩの一員としてその教官の指導を受けたことを、直《じか》に確かめることができたのだが、それはまだ先の話。

ある日のお便りでダーリンはこんなことを書いてきた。

「僕はまもなく40歳になる。それを機に危険の多い現場の仕事を辞めるつもりだ。僕と同時にFBIの任務に就いた同僚の4割はすでにこの世になく、あとの4割はリタイアした。残っている2割のほとんどは志願して内部勤務になった。そろそろ僕も内部勤務、つまりデスクワークを希望することにしようと思う」

私には何の判断のしようも、返事のしようもなかったのだけれど、ただ、デスクワークという響きには安心感を抱いた。そうかあ、もう危険なところには行かないわけね。この頃には少しずつダーリンの律儀さや正義感の強さなどが分かってきていたし、なんだかこの人いいやつなんじゃないの、と思い始めていたのだった。

でも、そこから先にはなかなか進まない。東京には度々仕事で来ていたようだが、会おうと言うわけでもなく、会いたいと言われるわけでもない。3カ月に一度くらい電話がかかってきては、東京に来ているけど元気にやってますか、ええ、まあ、といった程度だった。

やがて音楽を吹き込んだテープが届くようになった。カントリーミュージックだ。私でも知っているべたべたのスタンダード。音楽の趣味はいまいち違うなあ、とロック少女の私はがっかりする。

そして3本目のテープ。カントリーミュージックがフェイドアウトしていき、ダーリンの声が吹き込まれていた。

「来月東京に行きます。そして将来も東京に暮らす相談をしたい。あなたと」

いつかはこんな日が来るかもという予感がなかったわけではないが、突然の愛の告白に、やっぱり私は舞い上がってしまった。

それにしてもなんてシャイな告白だろう。ダーリンが人見知りで、恥ずかしがりであることは後に分かる。

仕事では強気でも、プライベートはからきしダメな明治男みたいな人だったのである。

新居は千鳥ヶ淵200平米の豪華マンション!?

ダーリンが東京にやってきた。春の浅いある日。まだ、桜には早い風の冷たい昼下がり、麴町《こうじまち》から英国大使館のクラシックな建物の前を通り、千鳥ヶ淵《ちどりがふち》を歩く。私は鼻水が出そうになるのをすすり上げながら、ぽつぽつ話をする。

「このあたりは本当にいいところですね。僕はここが日本で一番好きだな」

初めて仕事先で突発的に遭遇してから、ちゃんと顔を見て話をするのはこの日が最初だった。2年に及ぶ長い手紙のやり取りの期間があり、カントリーミュージックのテープありで二人きりでいてもギクシャクした感じはなかったけれど、やっぱり私はうれしさでそわそわしていた。ダーリンも私をじっと見ていたかと思うと、恥ずかしそうに目をそらしたりする。もう若くはない恋人たちだったけれど、初デートにはときめきが詰まっていた。

「僕の知人が何人か、この近くに住んでいます。赴任してきているので公舎を与えられているんですけどね。今日これから行ってみませんか？」

えっ、いきなりいいの。ちょっと驚いてためらっている私を後ろにして、ダーリンは歩き始める。この頃から、マイペースだったのだ。数分で到着したのは深い緑に囲まれたとんでもなく大きなマンションだった。大理石と金でデザインされた贅沢《ぜいたく》なエントランスが、お高いです、と言っている。

インターホンを押して中に入り、さらに部屋番号を押して相手を呼び出し、さらに1階のメインフロアにいるコンシェルジュみたいな外人男性に声をかけて、やっとエレベーターホールに案内された。

「ち、ちょっと。私はこんなラフな格好してるし……。だいたい私は誰なの?」

とわけの分からないことを言って焦る。足元を見ると、公園を歩いてきたから黒っぽい革靴が埃《ほこり》をかぶって汚い。風に吹かれて髪もボワボワだ。冷たい風に当たって目は涙目で真っ赤。

「帰ります。お友だちとゆっくりしていてください」

と、きびすを返したが、エレベーターが開いて、はいはい、という感じで私はエレベーターの中に引っ張られた。この強引さはなんとかならんのか、とむっとする私。

8階でエレベーターは止まり、中央に広い廊下。その左右に一つずつドアがあった。

つまりこのフロアは2戸なのね。ダーリンは右のドアチャイムを押した。

「ヘロウ、アイム　ヒア」

「オオオ、ジム。久しぶりだな、よく来た」

満面の笑みで顔をのぞかせたのは、190cmはありそうな長身の、清潔感のある男性だ。

広い玄関は大理石で、大きな花瓶には2万円分くらいの花が生けてある。右手に巨大な鏡と美しいフォルムのコートハンガーがある。緊張しているのにそんなことばかりが気になった。それとも緊張しているから気になるのか。分からない。

ここは靴を脱いで入ってくれ、ジャパニーズスタイルだよ、と主《あるじ》は言い、私に笑いかけた。奥からこれまた美しい外国人女性が現れて、私の手を握り、

「ようこそ、イザベラよ」

「あ、ミエです。Ｍｉｅで、ミエ」

「オオ、ミーヤ、よろしくね」

ミーヤじゃないけど、まあ、イーヤと、オヤジな一人突っ込みを入れて、結局私は部屋に招き入れられたのだった。

広い。とんでもなく大きい。知人の不動産屋さんに聞いてみないと分からないけれど、書斎や家事室、ベッドルームを入れておそらく200平米はある。リビングにはベージュの革張りのソファがゆったりと配され、天井が恐ろしく高い。右奥には料理した痕跡《こんせき》もないようなオープンキッチンが見える。総ガラス張りの窓からは、さっきそぞろ歩いて靴を埃だらけにした千鳥ヶ淵が見下ろせた。

ダーリンは私を、こういう人だよ、と紹介もせず、先方も何も聞かない。ただ穏やかにお茶を勧め話しかけてくれるだけだ。ダーリンは男性と近況を話しているようだった。小柄な私は、やたらに大きい外人仕様のソファに深く腰掛けると足が届かず、前に座ると滑りそうになり、ただ普通に座っている、という状況を作ることと格闘していた。そして、小耳に挟んだダーリンの言葉に仰天する。

「まあ、いずれ東京で住むことになったら、こういう感じのところを探すよ。住み心地はいいんだろ。静かで、それが何よりだね」

友人である彼らは、アメリカ大使館員だった。

空手3段、正座OK、なじみの店は新橋の焼き鳥屋

友人宅を1時間ほどで後にして、今度は北の丸公園へ戻った。にこやかに送り出してくれた長身美男美女の大使館員は、また会いましょうね、と手を振ってくれた。彼らとダーリンの英語のスピードについていけず、さらにソファと格闘していた私はひたすら疲れ果て、もう、これで帰りたいと不機嫌な顔で告げていた。

「いろいろ原稿も抱えてるし、帰ります。お友だちを紹介してくれてありがとう」

もちろん皮肉である。なぜデートで友人宅にいきなり行くのか、まったく意味が分からないと思っていたのだから。

「オー ノー。説明不足でした、許してください。もし僕がFBIをセミリタイアして日本で暮らすことになったら、彼らのような住まいがいいと思っていたので。なんと言っても、あのセキュリティは必要です。日本は平和な国だけれど、これからは次第にアメリカのような危険な側面を持つようになるからです。だから、今回はそういう安全な住まいを見ておいたらいいと思ってね」

日本の安全神話が崩れ去るときがくるとは、夢にも思わない時代だった。あのマンションの二重、三重のセキュリティは、大使館勤務の人たちが要望して実現したのだろうな、と思った。

それにしても、なんだかいきなりではある。緊張しちゃったじゃないか。だいたい、今日、ダーリンと会うのだって緊張していたのに。気を取り直して、また話を始めると、今度は自分は日本について他の外人よりよっぽど詳しいと言い出した。

「僕は高校生の頃から空手を習い始めたのです。今は3段。20年以上やっているけど、もうこれ以上は上段にいけない気はする。でも、もう十分に強いと思う」

そう言って公園の真ん中で型を演じ始めるので、あわてて止める。

「他の外人には絶対に真似のできない正座も、僕だけはできます」

それから、それから、とダーリンの日本通主張は止まらない。英語がよく聞き取れないので、集中力が必要で、私は頭の芯《しん》から疲れてきていた。

「ロサンゼルスで空手を習っていた頃は日本人の友人がいて、よく彼の家に遊びに行きました。ユカタやキモノをプレゼントされたし、夕飯もいつも日本食だった。あなたも知っているでしょ。すき焼き、てんぷら、ちらし寿司。他の外人が言う寿司じゃない、ちらし寿司ですよ。それから、アケボノもおいしかった」

アケボノ?‥?‥?　しかし、聞かんとこう。袋小路に入りそうだ。

「そして、とっておきは焼き鳥です。おいしい店があるから行きましょう」

また、ダーリンはすっくと立って歩き出す。どうも、私の返事は常にイエスだと思っているらしい。そして私に、新橋へ行ってください、と告げた。私はタクシーか。

電車を乗り継いで新橋駅に着くと、ここからは勝手知ったる道らしく、煙が立ちこめるガード下の道路脇にある焼き鳥屋へぐんぐん入っていく。大きな話し声が響いていて、すごくにぎやかな店だ。焼き鳥もおいしそうだけど、これも、日本のことをよく知ってるんだよ、というアピールなのかもしれないと思った。

奥の席に着くと、猛烈にうれしそうな顔でビールを注文し、大きな手で焼き鳥を端から指差してオーダーをする。お店の人とは顔見知りのようだった。

「この店は列車ガードを屋根にしていて壁も窓もないでしょ。ドアもない。何かあって逃げるには好都合な建物ですね。それからタバコの煙がこもらない。これは最高です。二つのセキュリティをかなえているんです」

焼き鳥の煙はどうなの、と聞くと、

「大丈夫、ニコチンフリーですから」

すき焼きだ、空手だと日本通ぶっていたときには、少しげんなりしていたのだけれど、新橋の焼き鳥屋は、なかなかやるねと、少し見直していた。でも、ここもちゃんと観光名所で、ホテルのコンシェルジュが外国人にいつも紹介している場所だ、と後から知ることになった。というより、ダーリンはここしか知らなかったのである。

ニコチンフリーの焼き鳥屋は、今も繁盛している。

プロポーズなら、もっとびしっとお願い

焼き鳥で締めくくったデートから2カ月ほどして、またダーリンは日本へやってきた。現場リタイア申請が通ってデスクワークになり、面倒な事件や業務の引継ぎを続けたおかげで、かなり自由時間が増えてきたようだった。ＶＩＰの警護で来ていた頃とは日本の空気が違って感じられると、強硬ガイとは不釣り合いな詩的な表現をする。ちょっと笑ってしま

うけれど、でも、それをダーリンの変化だと感じていた。この人の中で何かが変わっているんだなあ。憧れて突っ走ってきた仕事を退くときの男性の気持ちはどんなだろうか。

「何より、今はガンを身につけていないんだ。これだけで自分が違った人生を生きているような気がする」

そうか、ずっと銃と一緒の人生だったのね。でも銃社会はイヤだな、と言ったら、ゆっくりとした口調で、しかし一言ずつ強く話し始めた。

「日本人のほとんどがアメリカの銃社会を否定していることは知っています。私だって一般人であれば銃など持たない。銃がなければ不安で仕方がないという社会をなんとか変えたいと思って僕もＦＢＩを目指したんです。しかし徒労でした」

ちょっと疲労の色が濃い。だいたい、銃など見たこともない私と、銃が日常的に体の一部だった人とどんな話をしても、結局は平行線の議論になってしまう。たまに会ってお茶をしながら話題にするには重く、現実には深く大きな問題が横たわっている。

「日本の人は平和で戦争もテロもない場所にいて、理想論だけ振りかざす。今まで多くの日本人と話をしてきて、実はそのことに辟易《へきえき》しているんです。あ、怒らないで聞いてください。まあ、怒っているのはこっちなんですけどね」

このときに私は悟った。私たちは個人で会っているだけだ。国が違い、人種が違うけれども今目の前にいる人と話しているのだから、お互いに自分の国を援護したり、政策を説明したり、国際問題や経済摩擦を二人の間に持ち込むのはなしにしよう。歴史についても、よしあしに言及するのはやめておこう。つたない英語で、そんなところに突っ込んでいったら地雷を踏むに決まっているし、そうなってしまったらフォローする英語力だって持ち合わせていない。

自分を責められたら、反論の方法はある。でもアメリカと日本という大きな話になったら用心しよう。文化の違いを味わうならいくら話してもいいけれど、私たちが国を背負って討論したら、あっという間に決裂するに決まってる。

そうやってあれこれ思い巡らしているうちに、あれ、私ったらこれからの付き合い方を考えている、と自分でびっくりしてしまった。セミリタイアした彼の人生の中に私がいるのか。

まだそんな話は出てないぞ。一人で黙りこくってしまった私に向かってダーリンは言った。

「僕たちはこんな当たり障りない話をするために出会ったんじゃないんだと思う。今までいやというほどダークなサイドばかりを見てきたけれど、日本で君に出会って、新しい人生を生きてもいいんじゃないかと思った。幸せな日常を体験したい」

うーん、それはプロポーズ？　テープでの愛の告白以来、なんとなくそう言い出す予感はしていたけれど、そして結構、それもいいかなと思い始めてはいたけれど、押しが弱い、と心の中で突っ込みまくっていた。もっと、ぐいぐいと、びしっと言ってもらえませんでしょうか。

もちろん迷いも大きかった。仕事は本当に現場をやめちゃうの？　日本に来てどうするの？　ＦＢＩなんて日本ではつぶしがきかないよ。第一、一緒にいて安全なんでしょうね。あなたが刑務所に放り込んだ犯罪者たちが、報復だといって日本まで追ってこないと誰が言えるんでしょうか。

できる限りの質問をした。というより無理だよ、という反論に近かった。ダーリンがやってきたら、私の人生はごっつい事態になる予想がつく。私には年老いたやさしい両親もいる。

二人姉妹の長女である私は責任がある。ここで、そうしましょなどと言えるわけがない。好きになってしまっている自分の気持ちを抑え込もうと思った。だが、ダーリンは、自分の決心はついているのだと言う。

「日本はいずれ、アメリカ並みに犯罪の危機管理に真剣になりますよ。こんなに美しく安全な国を守るためには、危機管理が大事でしょ。僕のすべてのキャリアが、ここで活《い》きると思えば安心でしょ」

そして、後に大きな意味を持つあの言葉を口にしたのだ。

「日本の危機管理は、ＦＢＩ仕込みの僕に習えばいいんです。悪い芽は摘みますよ。だから僕と結婚しましょう」

ダーリンは私の目を見てそう言うのだった。

父に初めて名前でなく「君」と呼ばれた日

ずっと足がふわふわと地につかない日が続いた。私は結婚したいのか、そこまではいやだと思っているのか。自分でもよく分からなかった。OKと言ってしまうのは、いかにも簡単な気がしていた。ダーリンは実に長い時間をかけて私の気持ちを摑んでしまった。自分の世界から、風変わりだけれど一途でシャイなダーリンがいなくなることが想像できなくなっていた。

でも、国際結婚ってどうなの、何が起きるの？　簡単なビジネス英語程度までしか話せないのに、これで平気なの？

たとえばダーリンが日本に来てから、激しい貿易摩擦が起きて、アメリカと日本が目も当てられないほど対立したら、ダーリンはアメリカのために立ち上がって何かしたりしないだろうか。

たとえばＦＢＩをセミリタイアしたといって、実はスパイの任務で仕事をしたりしないだろうか。日本に何を持ち込んでくるのか。何が必要なのか。いずれ彼はアメリカへ帰ることになるんだろうか。

生活習慣は、食事は、住まいは、戸籍は、そして収入は？

呑み下せない大きな塊が、ぐぐう、といつまでも胸にある。ダーリンは私の返事を聞けないまま、しょんぼりとアメリカへ帰国した。私の友人たちは、相談すると大笑いした。

仕事仲間のデザイナーは、こう言った。

「アホですか、あなたは。下手をするとぶっといヒモになるかもしれないんだよ」

女友だちなどは、はなから相手にしてくれなかった。

「だから映画ばかり見てるんじゃないって言ったでしょ！　もう現実と映画が混ざってるんじゃないの。コピーライターとしてのチャレンジを捨てるつもり？」

それでも私は、彼らの言葉にあまりぐらぐらしなかった。ただ自分があまりにも国際結婚ということに無知で、体験者も知らない。何をどう動いていいのか。自分は何を聞きたいのか、本当にまったく見当がつかない。追い詰められるとおかしなもので、私はなぜか銀行に電話して、1ドルがいくらになっているのかと聞いたりした。何か、確かに分かる事実が知りたかったのだと思う。

そしてやはり、父と話そう、一度実家に帰ってみようと考えたのだ。京都府下の実家には父と母が暮らしていた。私が通訳になりたいと言ったときも、コピーライターになる、と宣言したときにも、やりたいことをやってごらんと言ってくれた父。

子どもの頃からよく話を聞いてくれた。算数や物理の宿題が分からないと、根気よく教えてくれる。星は何億光年も離れていて、今見ている輝きは何億年も前の光なんだよと話してくれる。テニスも将棋も、父親から手ほどきを受けた。父は、K島建設に入社して戦前満州で長い年月仕事をし、帰国してから退職して自営業となった。本人が結構チャレンジャーで波乱万丈の人生を送ってきたせいか、長女の私が何かとんでもないことを言い出しても、あまり動じない、穏やかな人だ。

ただ、実家は400年近く続いており、私は二人姉妹の長女で跡取りのプレッシャーがかかっていた。さかのぼれば18歳のときから、見合いらしきものをさせられた。親戚《しんせき》の家においしいものを食べにおいでと招待されては、そこに25歳くらいの、当時の私から見たら立派なおじさんが席にいて、笑いかけられたりしていた。後で、どうあの人、などと親戚に聞かれて猛烈に反発した。

その後、数年して私は東京へ行き、学校を出て広告制作の仕事に携わり、コピーライターとして独立した。実は私は、ダーリンと出会う前に一度結婚して、短い期間で離婚している。そのことも忘れてしまうほど、私は仕事が楽しくて仕方なかった。そんな娘を見て、今度こそ、結婚するなら地元の人と堅実に、と両親は心のどこかで願っていただろうと思う。

しかし、この娘に落ち着いた分別はなかった。FBI勤務をしていた40歳のアメリカ人と結婚しようかと思う、と告げたときに悲しげにゆがんだ父の顔を今も忘れることはできない。それは、私が生まれて初めて見る表情だった。ぐっと息を呑み込んだきり目を閉じて顔を上げたまま微動だにしない。わずかながらくちびるからうめいているような音がもれている。父は第2次世界大戦をくぐり抜け、つらかった戦争体験を本にしたりしていた。だから、アメリカという国に対しても決して感情的に割り切れてはいないのだと思う。

小さくうなる声が、静まり返った部屋にもれる。母は背筋を伸ばして聞いていたが、すぐにうなだれて細い肩をすっかり落としていた。でも、母はおそらく父の出した結論に反対しないのではないかと思った。やさしく気丈な母は、いつも最後は父の判断を信じてまっすぐついていく人だった。

「その人は危険な仕事を辞めるんだね。現場にはもう出て行かないと言ってるのか?」

うんそう言ってる、とかすれた声で返事をする。私だってよく分かっていないことなのに。まったく、子どもというものは、なんでこんなに突拍子もないことを言い出すんだろう、と自分のことながらあきれてしまう。父と母の平穏な生活は、こういうふうにある日嵐の中に放り出されてしまうんだ。

だが、もう2年間も連絡を取り合っていたこと、ダーリンは何度も日本に来ている人だということ、よく話し合って決めたんだということを私は蚊のなくような声で説明し続けた。

「自信がないのか?　いつも新しいことをしでかすときのお前の元気がないじゃないか」

その後の沈黙も長かった。足がしびれてもう感覚がない。一度でOKをもらおうなんて、はなから無理だし。そのとき父はやっと私の目を見てこう言った。

「私は不安だらけなんだ。婿《むこ》になる人と満足に会話も通じないなんて、想像もしなかった。アメリカ人といってもいろんな人がいるだろうから、彼がどのような人柄かも分からない。

苦労を背負い込むことは目に見えていると思う。利用されるのかもしれない。反対だね。でも、君の人生だ。やってみなければ気がすまないんだろう？」

涙目で私はうなずいた。やっと自分の気持ちを素直に受け入れることができた。私にはダーリンが必要だ。彼と新しい人生を歩いていきたいんだと。しかし、「その人に会わせてくれないとね」と父は締めくくった。今まで、私のことをミエと名で呼んだり、お前は、といっていた父が、初めて、君の人生だと言った。その、君、という言葉にはっきりした距離があって寂しさがこみ上げてきた。

母はずっと下を向いて手を見つめていた。さんざん心配をかけさせられてきた、はねっ返り長女の、新たな冒険に深いため息をつきながら。

母親、マンション、仕事、すべてを置いて日本へ

結婚するよ。両親のことも、家のことも、妹のことも結局は考えず、またわがままに自分

の人生を突っ走ってみるよ。そう思いながら、帰りの列車の中で私は一生懸命に家族に謝った。家族の中で私はいつも勝手なやつだった。でも、決して不幸にはならないから、こうすることが私の幸せだから、とおかしな言い訳を山ほどしながら。私はぼろぼろの気分で東京に帰りついた。

父と母は東京まで出向くと言ってくれた。ダーリンには電話で、イエスの返事を伝えた。電話の向こうで声を詰まらせているのが分かる。そして、いつでも東京に行くといってくれた。その日からひと月後に都内のホテルで、両親、妹、そしてダーリンと全員がそろった。

ダーリンの緊張は痛いほど分かる。

「お父さん、お母さん、私はジムです。お会いできてうれしいです」

と特訓してきたらしい日本語を繰り出した。これには両親も私もびっくりした。今思えばその程度は当たり前なんだけど、何せみんな緊張していた。ダーリンはごつくてでかい手を父に差し出して、ものすごく強く握り締めた。それは握手をはるかに通り越して、感謝と親しみを精一杯込めた感情のこもったものだった。父は英語で返事をした。

「来ていただいてありがとう。ミエを大切にしてくれますね、それだけを確認したかった」

母は、はにかみながら「ハロー」と言ってくれた。静かに決心はついているようだった。戦争をくぐってきた大人たちの、腹の据わり方を目《ま》の当たりにした気がする。

妹は終始微笑んでいたと思う。ときどき簡単な通訳をして、間を取り持ってくれていた。

父は、ダーリンの日本語の挨拶と感情のこもった握手で、なんとなく安心したように見えた。何よりダーリン一人が緊張しまくっていて、あまりにもがちがちなので、逆に父がその緊張をほぐそうと気を遣っている。ダーリンのこの一生懸命さが功を奏したんだと、今でも思っている。

挨拶の後はやはり、質問攻めだ。父は一つ一つ確かめるように今後のことを問いただす。本職のダーリンが職務質問を受けるんだ。ちょっと笑える。

仕事についての展望は？

「ＦＢＩの現場の仕事はアメリカに住所がないとできないので、セミリタイアし、日本に移り住んでアメリカ大使館で働けるようにします。その後は独立し、危機管理の仕事をしたい」

ご家族のことは大丈夫なんですか？

「父親はサンフランシスコの老人病院に入院しています。すべてのお金を払い込み終身入院です。母は元気で一人暮らしをしています。80歳近くなりますがまだ車を運転し、買い物や父の病院へ行くことには不自由していません。妹家族が近くに住んでいるし。母は寂しがってはいますが、僕が結婚したい相手を見つけたことをすごく喜んでいます。日本に行っても大丈夫だと言ってくれました」

センテンスを切って、ゆっくり話す。高校の教科書で習ったような文法を使って、分かりやすい言い回しを選んでいることがよく分かる。いいぞ、ジム、その調子だ。

住まいはどうするのですか？

「カリフォルニアでは、仕事上の移動も多いのでアパートメントを借りて、なるべく母のそばにいられるようにしています。ただ、自分のリタイア後のためにハワイのワイキキビーチ沿いに小さなマンションを買ってあります。休暇のときにはそこで過ごすようになりました。日本で暮らすわけですが、それはそのまま残してこようと思います」

ダーリンは優等生の答えである。練習してきたなあ。厳しい表情だった父の頬に、少し笑みが浮かんだようだった。ほっとした空気が流れ始める。第1関門突破。

この後の食事で、またダーリンはポイントを稼いだ。夕飯はもちろんテストを兼ねた和食である。周囲がそれとなく目を凝らしている中、結構上手な箸《はし》使いで、先付《さきづけ》、前菜、椀物《わんもの》、お造り、炊き合わせ、焼き物、揚げ物、なんでも平らげた。日本酒もいった。そしてなんと、最後のご飯はお茶漬けにしてほしいと言ったのである。これはポイントが大きかった。父はいつもお茶漬けなのである。

お前が教えたのか？　と父が目で聞いてくる。ううん、違うと首を振る私。なぜ知っていたのだろうか、それとも偶然か。私には事前の調査に思えたが、まさかね。しかし、父の気持ちを摑むのも心得ていたような気がする。こうしてダーリンがポイントを荒稼ぎした夜であった。

そして、この日、ダーリンが家具や仕事道具を運び込んでなるべく早く日本に移り住むことが決まった。そこらじゅうの人に言ってまわりたいほど、幸せに満ち足りた夜だった。

PART-2

愛のささやきは「フォー ユア セイフティ」

大統領の執務机と障子板16枚を船便で!?

ダーリンが日本に持ち込んでくる家具として、私がイメージしたのは、使い慣れたパソコン、洋服、小物、収納家具のようなものだった。もちろんお気に入りのインテリア製品や道具類、そして衣服や身の回りのものもあるだろうとは思ったけれど、勝手に日本の独身男性一人分という想像をしていた。それでも私が暮らしていたマンションでは狭すぎる。家財道具の量はさておき、大男のダーリン一人がやってくるだけで、いかにも居場所がない。

アメリカに連絡して何を持ってくるのかと聞くと、ダーリンはリストを作って知らせるという。待てよ、以前に訪ねたあの大使館勤務の友人の、ものすごく広いマンションを借りられるのだろうか。千鳥ヶ淵を望める200平米のマンション。それだったらすごい。うちにある安物のみすぼらしい家具では似合わないなあ、と密かに新しいぴかぴかの家財道具購入を思い浮かべたりして、ニタニタしてしまう。

あの友人宅の玄関にあったような大きな花瓶。枝振りのいい梅とかを生けたら似合いそうだ。美しいカーブのコート掛け、そばに小さな飾りチェストを置いて、等身大の鏡も置こう。リビングのソファはシックな革張りかなあ、やっぱり。あ、足が届く高さでないとかっこ悪いわねえ。となると国産かあ。

白くて大きな壁にはキモノの帯とかをディスプレイするとダーリンは喜ぶかなあ。成人式のときの帯が派手でいいわ。妄想はどんどん膨らんで、その中で私はエレガントな女主人になっている。そうだ、食器類やグラス類もここは一丁奮発よね。アレンジのうまい花屋さんも見つけておかないといけないな。

仕事を終えてバタバタ帰るなんて、もうやってはいけないわね。出かけるときも、ぎりぎりで飛び出してはまずいだろうな。だいたい私は荷物が多すぎるのよ、だからがさつに見えるわけで、と、できもしないことを考えているのであった。

でも、事態は暗転する。原因はダーリンの荷物リストだった。すごい量なのである。しかも細かい。送られてきたリストはA4の用紙2枚にわたっていた。

• 執務机（「米国大統領が使っているのと同じ木製のもの、L字型」と注意書きあり）

・机の上に置くガラスの板（1m×1・8m）
・デスクトップ型パソコン2台（アップルとウィンドウズ）
・衣類用防湿クローゼット（何それ？）3基
・書類用小型防湿クローゼット（だから、何それ？）3基
・ドレッサー（!!!）
・JBLのスピーカーとオーディオ
・机と同じ素材のスライド式本棚
・漆の長テーブル（1・5m×0・5m）
・ガラスケース入り日本人形3体
・行灯《あんどん》（!!!!）3台
・書籍
・障子板16枚（!!!!!）

そしてスーツ、靴などに交じって、防弾チョッキやら空手着、木刀数本、体のメンテナンス用具（つまりボディビルダーが使うようなあれこれ）、プロテインやビタミン類、工具と続いている。細かいものはさらにまだあった。グルーミンググッズや薬箱といったもの

まで書き出している。本人の荷造りメモをそのまま送ってきたのだと思う。そして、最後に、この荷物はカリフォルニアからですが、ハワイからはベンツを送ります、と締めくくっている。

ちょっと待って。いくらなんでも私のマンションでそのすべてを一時預かりなんてできません。すぐにプリプリしながら電話に飛びついた。

「これ全部を本気で送ろうと思ってるの？　どこか官舎を借りられるメドが立っているのよね。まさか、今の私の住まいに届くんじゃないでしょうね」

「もちろん。まだ荷造りは終わっていないし、これを運び込んで、すべて保障のついた船便で送るから日本到着までひと月はかかる。それに、この船便は港で長期預かりができるから、ゆっくり日本での住まいが決まるまで焦ることはないよ。心配しないで」

「あのお、いつかのお友だちが住んでいたような大きなマンションに住む可能性はある？」

「分からない。これから交渉してみる。しかし、先日聞いた様子では、あそこは正規の外交官で家族と一緒に赴任する人に与えられる住まいのようだった。独身で、しかもただのFBIのOBでは無理なようなんだ」

ああ、そういうことか。これはダメかもしれないな。華麗なマンション暮らしの夢は一気にしぼみ、狭い独身寮でうずたかい荷物に囲まれて身動きできない、ダーリンと私の姿が目に浮かんだ。いざとなったら私が民間の住まいを探そう。私は密かな不安とともにどこかで腹をくくったのだった。

ダーリンは夢を見る。私は重い現実を引き受ける

ダーリンの荷が、いかにも多いと感じた私は、やはりふるいにかける選択を迫った。交渉は難航し、結局、木製のスライド式本棚と漆の長テーブルは、アメリカで保管する場所を探すことになった。そしてダーリンが実行したのは、ハワイのマンションにそれを送っておくこと。さらに、ベンツの日本持ち込みも泣く泣くあきらめた。輸送費と関税で200万

円近くかかることが分かったからだ。それでも半端ではない量の婿入り道具だった。

やがて2週間ほどしてダーリンが浮かない声で電話をしてきた。アメリカ大使館が用意してくれる独身用の、大使館員でない待遇の職員住居は、どうもたいした広さはなく、港区麻布という土地で60平米2DKくらいだというのだ。

ええっ、いいところじゃないと私はほくそ笑んだ。日本なら夫婦が十分に住める広さだ。それでいこうよ、と言いかけた私をダーリンは制して民間の部屋を借りたいと強い口調で言った。そもそもそこは独身寮だから妻は住めない。また家族用の職員住宅に入るには、ダーリンがアメリカを離れるそのときに正式に夫婦でなければならないらしい。

なんだ、そんなことか。じゃあ、私がすぐアメリカに行くから、さっさと婚姻届を出して式も挙げちゃって、晴れて夫婦ってことで大使館の家族住宅に入ろう。意外に簡単に解決しそうなことだけど、なぜ、そんなことで迷っているのか分からないよ。

「ミエ、君にとって結婚はそんなに事務的なことなの？　入居する家を好条件にするために、何のウェディングプランも立てず、身につけるブーケの花さえ決めず、さっさと籍だけ入れるようなことなの？」

ダーリンの声の悲しさに私はハッとした。どこかで私にはドライで緊張したところがあった。それは私が再婚だというだけではなく、一人でがんばってフリーランスで仕事をしてきたことが関係しているかもしれない。ダーリンとの結婚は、いそいそと幸せをかみしめながら準備するものというより、目の前の課題をクリアしていく、一大プロジェクトだったのだ。

また、外国人を夫として日本に迎え入れるのは彼の保証人になることでもあった。自分が引き受けるダーリンの人生の重さを考えないようにしたくて、事務的に物事を進めようと感情を抑え込んでいたのかもしれない。いろんなことが頭を駆け巡って、ダーリンにすまない気持ちが大きくなった。

「そういうわけじゃないわ、ごめんなさい。ただ、急にいろいろなことが起きて現実的な判断が必要になってしまったから、ビジネスライクな言い方をしてしまったんです。私たちの結婚を大切に思っているし、ただ、いいスタートを切りたいと思っただけなの」

しばらく沈黙があってダーリンは、分かっているよ、受け入れる君のほうがどれだけ大変かということも、と静かな口調になった。同じ国際結婚といっても、二人とも日本に住んでいて知り合った外国人と日本人のカップルとはまた別の、急激に環境が変化する二人のそれぞれの戸惑いが大きく見えた瞬間だった。この感覚は、それ以降もずっと私たち夫婦を迷わせ、立ち止まらせる要因の一つになった。つまり、ケンカの元である。

ダーリンは、愛ゆえに（本人の言葉！）何もかもと決別する思いがあり、それはロマンティックな感情に支配されていた。

片や、受け入れる私は現実と真正面から向き合わなければならなかった。ダーリンが夢見ることを実現するには、私自身が走り回るしかなかったのである。思いは分かるよ、でもどうすればいいの……と策略を練ることが私の人生の主題ともなったのだった。

結局、住まいは民間のものを探すということに落ち着いた。私はいかにも残念だった。荷物を船会社に預けて、すぐにダーリンはやってきた。住まい探しに目がキラキラと輝いている。希望はこうだ。広い畳の部屋があり、障子を立てる窓があり、ふすまで開け閉めする部屋が最低一つはあり、戸建ては無理でも無味乾燥なマンションではなく、天井が高く、大家さんがいい人で、自然環境がよく、近くにがんの発症の元となる高圧線がなく、駅から徒歩10分以内であること。さらに私のわずかな望みを付け加えるなら、仕事のフットワークを考えて都内23区内であること。

狭くても便利さを取るか、広々としたいい環境の郊外を取るか、それが選択肢である東京で、広々としたいい自然があって23区内って、おいっ、とほとんど気絶しそうだった。

しかし、ダーリンと私は時間を見つけては都内の不動産屋さんを歩き回った。川があるか、広い公園があるか、海が近いか、都心に交通の便がいいか。それを23区で探っていくと、多摩川、隅田川《すみだ》といった一級河川周辺か、上野、砧《きぬた》、駒沢《こまざわ》周辺と絞られていき、私の気持ちは幼い頃からなじみ深い多摩川周辺に集中していった。願いは通じる。世田谷区の多摩川近くで、一軒家の3階部分、広いリビングのある70平米の物件が見つかった。

近くには乗馬学校があり、いかにも高級住宅街といった静かな風情で、本当に治安のいい地域だった。大家さんは高名な楽団所属の音楽家一家。セキュリティもきちんとしていて、ダーリンは、「ここで日本を始めたい」と私の手を握り締めた。

どうしても安全でなければ、という思いで周辺を歩き回り、ダーリンは住んでいる人の人相から落ちているゴミの様子、走っている車の車種まで数時間にわたって調査し、合格点を出した。

ダーリンは自分の直感を信じ、これ以上のところは今までになかったと、こぼれるような笑顔を見せたのだった。

日本一腕のいいプロの錠前師を探せ！

新しい住まいを契約しても、まだダーリンの荷が届くまでには3週間ほど時間があった。私は自分自身の引越し準備をしなくてはならず、そのために仕事を追い込まなくてはならない。ダーリンはまだ残務整理があるのでアメリカに帰る日が迫っていたけれど、もっとしっかり新しい住まいを見たいという。夢見る時間に付き合っているゆとりが私にはなかった。「それじゃあ一人で泊まって見てくる」とダーリンは言い出した。ブランケットが1枚あればいいからと私の毛布を持って勇んで出かけていった。私は乗り換え案内のメモを作り、迷ったら何と言って聞くかと日本語をローマ字で書き、大家さんに挨拶してから中に入ってねと頼んで、小さな菓子折りをことづけた。まるで小学生を送り出すママである。

行ってくると出かけていく後ろ姿を見ながら、ああ、本当にママの気持ちで動かないといけないんだ、と顔から血の気が引いた。でも、しばらくのことよね。そのうち日本語もうまくなり、日本人のお友だちも増えればもっともっと交際範囲も広くなるし大丈夫よ。そう思った私が甘かったと分かるのは、しばらく後のことだった。

大家さんには以前に一度お目にかかっていた。国際的に活躍している音楽家のご夫婦で、語学も堪能《たんのう》なお二人だったから安心できる。少しくらいのことには動じない懐の深い印象だったが、さすがにダーリンの訪問にはびっくりしたようだった。荷物も届いていないのに、毛布1枚を持って泊まるというのだから。

しかもそのときのダーリンのいでたちといったらなかった。当時、ダーリンは風呂敷が気に入ってしまって、何でもそれに包もうとした。もちろん毛布も、である。私は日本の大きな風呂敷が好きでかなりの数を持っていたのだが、その中でもダーリンはいかにも日本の古典柄、という柄が気に入っていた。毛布を縦三つ折りにし、それを端から巻いてロールケーキ状にしてから自分の体重で圧縮し、お気に入りの風呂敷に無理やり包んだ。

当然、その毛布は膨らんでくる。包んだ風呂敷包みは張りつめるだけ張りつめて、まるでアンパンみたいになった。大きな体で嬉々《きき》として右手に風呂敷アンパン、左手に菓子折りの入った小さな紙袋をぶら下げている。後から聞いたら、大家さんの奥さんは思わず吹き出しそうになるのを必死で我慢したとおっしゃっていた。

が、まず大家さんのご自宅に上げていただき、自己紹介がてら自分は元FBIだからこれからはもう安心です、と挨拶したそうだ。そして外階段から3階のお借りする部屋へ上がったダーリンに大家さんはとても親切にしてくださり、下に敷く布団や枕、そして果物やサンドイッチまで届けてくださった。

気をよくしたダーリンは、家のすみずみに目を光らせ始めたそうだ。すべての窓をチェックして鍵《かぎ》のかかり具合を調べ、玄関のドアを調べ、階段の下、家の裏手、大家さん宅の駐車場まで歩き回ったという。家に面した道路を歩き、外から家の中がどのように見えるか、どのお隣さんがそれぞれの窓の正面に来るか、そして各家の表札まで見てきたという。

字が読めないのに意味があるの？　と後で聞くと、住んでいる人数が分かるということだった。大家さんは、そこまで調べるのかと気になってダーリンの姿を見ていたそうだが、目が合うとにこっと笑って手を振ってくるから、まあ、悪気があってやっているのではないことだけは分かった、と苦笑いをしていた。

まだ電気が通じていない、カーテンもない部屋。でも天井から床までの大きなガラス窓が6枚も並んでいる広いリビングは、夜になると月の光に照らされて冴《さ》え冴《ざ》えと明るく、とても幻想的で美しかったとダーリンは感動して帰ってきた。

そして、私のほうに向き直って、頼みがあるんだけど、と言う。

「日本の弱点の一つでもあるんだけど、鍵がね、いかにもイージーなんだよ。窓にも玄関にも鍵は一箇所しかないし、すごく簡単な仕組みで開いてしまう。これでは安全とはいえないよね。錠前をきちんとしたいと思うので、すごくいい錠前屋さんを探しておいてほしいな」

「建築業とか不動産屋さんに聞いてみるわ」

「ええとね、そうじゃなくて、キーのプロを探すんだ。日本一腕のいいプロの錠前師でないと、防犯的なセンスで鍵をつけることができないから」

頭の中がはてなマークだらけになった。プロの錠前師？　そんな人が日本にいるの？　まあ、探しとくわ、と言いながら私はやはり工務店さんに聞いてみるしかないなと考えていた。するとダーリンは念を押した。鍵のプロフェッショナルだよ、と。

ダーリンが帰国しても、この宿題がのしかかってくる。探し方に窮した私は、仕事で調べものや取材管理をお願いしている電話秘書サービス会社に連絡して頼んでみることにした。彼女たちは優秀である。たちまち探し出してくれた。なんと、プロはいたのである。

しかも当時は日本でただ一人という存在だったその人は、スタイリッシュな車に多くの工具と鍵のパーツを積んでやってきてくれた。まだ若い、聡明な印象の男性だ。Ｔロックサービスという肩書きの名刺を差し出しながら、彼はすばやくドアと窓に目を走らせ、私の希望を聞いて車に戻り鍵を数個持ってきた。窓にはこれを、ドアには異なった二つの鍵をと付けていく。鮮やかな仕事ぶりだった。

後日、これは一発でダーリンのＯＫが出た。すごい職業があるものだ。こうして新居は泥棒が尻尾《しっぽ》を巻いて逃げるような錠に守られることになったのである。

ＣＤも砕く大型シュレッダーを置こう

鍵の宿題をやり終えてよい気持ちになっていたら、アメリカのダーリンから次の指令がやってきた。ミッションはこれからも続くのだろうか。私はこういう人生を生きていくことになるのかなあ。なんだかＦＢＩの下っ端になったような気がしていた。

そしてその指令は鍵のときと同じくらい難しかった。

「ミエ、日本では郵便物の宛名が書いてある封筒をどうしている？　まさか、中身だけ読んでそのまま捨てるなんてことはないよね」

え、そのまさかだけど。

「やっぱりそうか。これからは情報をそのまま捨てるってことは極力やってはいけないよ。誰がそれを利用するか、君を陥《おとしい》れる材料にするか分からないんだからね。それでね、大型のシュレッダーを買っておいてほしいんだけど。僕が持っているのはもう古いから、こっちで捨てていく」

シュレッダー。どこに売ってるのそれ？　今考えると笑ってしまうけれど、私はシュレッダーを見たことがなかった。どうしても消してしまいたい文書や手紙は、はさみで切り刻むのが当時の日本人の正しい姿だったのだ。その程度で十分じゃないの、とやんわり言ってみると、山ほどの反論が返ってきた。

「世界中の事件が、最初は文書漏洩《ろうえい》から起こっているのをまさか知らないわけじゃないよね。ウォーターゲート事件だってそうだった。君に配達された手紙の宛名一つだって、誰が狙《ねら》っているか分からない。世界中で悪用される危険があるんだよ」

ああ、頭が痛くなってきた。ややこしいことばかり言ってくるから、英語のリスニングがどんどん上手になるわ。私は平和な日本の一般国民だから、そんな情報事件に巻き込まれたりしないのに。分かったことは、ダーリンが納得のいく安全のための設定が終わるまで、このたぐいのミッションはエンドレスだということだった。

そして、私に説明している間にダーリンのミッションはエスカレートする。

「僕は、まだまだ甘かったね。紙だけをシュレッダーにかけていた従来のことから頭が先に行っていなかった。フロッピーやCDとして保存することを考えたら、それも砕かないといけないね。ははは、うっかりしていたよ」

混乱した。バリバリとプラスティックの砕け散る音が聞こえるようだった。私の頭の中には工場の映像が浮かんでいた。倉庫か作業場のような殺風景なところにデンと据えられている機械。そんなものを一般家庭で買えるのか。次の言葉が出なかった。それを納得と受け取ったのか、ダーリンはやさしい声で、早く日本に移りたいなあと言うのだった。

そんなものないよ、と突っぱねればいいと思う気持ちと、でも何もかも置いて私の仕事や両親のことを最優先して日本に来てくれるんだから、できるだけのことはしようという気持ちがいつも交錯する。

このときも、探してみる！　という気持ちになってしまった。文章を書いて食べていくという仕事柄、調べる対象物があると、猛然と動きたくなるサガでもあった。ダーリンは、本当に得をした。今なら、宅配で事務備品を配送してくれるアスクルカタログにも載っている。CDも砕くシュレッダー。隔世の感がある。

でも当時はアスクルカタログもないし、インターネット検索なんてものも普及していない。そこで私がとったのは電話戦略である。分厚い電話帳と格闘して、シュレッダー販売会社をしらみつぶしに探した。しかし、日本人ははさみで切り刻んで捨てるという正しい生活態度で生きていたから、○○工作機械株式会社に電話してもさんざん怪しまれた。あのー、家庭用のシュレッダー作っていらっしゃいますか。何社かは、もちろんと、うれしい返事を返してくれた。そして恐る恐る、それはプラスティックやCDもいけますかね、と聞くと、

「あんたね、何者？　誰かに頼まれて電話してんの？　なんだかやばい仕事をしてるんじゃないでしょうねえ。大量のプラスティック処分なら、別の機械がありますけど用途別に容量や作業規模が違うからねえ。何に使うの？」

怪しくてすみません。ご推察の通りおかしなやつから頼まれているんです。

丸一日、朝から各社営業時間の終了まで電話をかけ続け、私は悟った。家庭用には紙専用で十分だ。ＦＢＩの機密ＣＤがあるなら、大使館まで持って行ってそこでバリバリに砕いてくればいい。まさか、持ち歩くのも危険だなんて言わないでほしい。そうダーリンに告げよう。

「いろいろ調べたけど、そういうわけでした。あなたが持っている古いシュレッダーでもいいんじゃないの。とにかく日本でＣＤ対応家庭用シュレッダーは、買えない」

がっかりしたダーリンは、しぶしぶ聞き入れてくれた。そしてこう言うのだった。

「いよいよその場でＣＤを処分しなくてはいけないときは、漂白剤に浸《つ》けよう」

うそかほんとか。いまだにやったことはないので分からない。

ドアの内側にメジャーを縦に貼りつける理由

千鳥ヶ淵での初デートから1年。季節は再び春を迎え、ダーリンはとうとう日本にやってきた。大量の荷物は横浜港に到着していて預かりになっている。すぐにも新居に運び込んだと思ったら大間違い。まだまだ先があるのだった。

新居にはまだ私の荷物も運び込んではいない。なぜなら部屋を日本風に改装してからというのがダーリンのたっての希望だからだ。大家さんは本当におおらかな方で、室内の設備をいじるのでなければ少しくらいのことはかまわないよと言ってくださった。

そこでダーリンは張り切って希望図を描いたのである。それは美しく広いフローリングのリビングにパーテーションのように大きなふすまを立てて仕切っている図、そしてリビングは畳ルームにしたいということだった。もちろん私は激しく反対した。

「ずっと椅子の生活だったあなたと私が、いきなり畳生活は無理だわ。第一、私の家具の中には、すでに大きなテーブルと椅子がある。それは畳には合わないんです」

「それは大丈夫。よい品質の家具ならどこかが引き取ってくれるはずですよ、心配いりません。それより、美しい日本の食卓と目の覚めるように美しい小さな座る布団を買いましょう。前にそういう日本の文化を撮った写真を見たことがあるけど、あれこそ日本の愛らしさですね」

私は心の中でお念仏のように唱えた。自分が選んだ人生だ。父に反対されても、自分が選んだ人なんだ。日本人が文化住宅とテーブルのある暮らしに恋いこがれたように、ダーリンは美しい日本の原風景のような暮らしがしたいんだ。

それから私は、とにかくダーリンの頭の中をなるべく早く、具体的に把握してしまう目標を自分に課すことにした。取材で鍛えた聞く力を活用するときだわ。そうやっておおよそのことを摑んでおけば、ダーリンの唐突なリクエストにあわてなくてすむのではないだろうか。

「あのね、畳ルームを一番奥の部屋にするのはどう？　あそこについているクローゼットを日本式の布団入れにして、布団を毎日出したり入れたりして使うんです」

これには目を輝かせてダーリンは乗ってきた。なにしろ風呂敷といい、座る布団（！）といい日本の布柄にぞっこんなのだ。そして、私の頭の中ではフローリングを守り抜いたリビングにさんさんと日が射《さ》して、花の置かれたテーブルと椅子が鎮座している。奥の間はきれいな日本間に仕立ててあげよう。着物を掛ける衣桁《いこう》を立てて、浴衣《ゆかた》や兵児帯《へこおび》も用意しよう。しばらくは、お互いが未来の新居を描いていたのか、静かな時間が流れた。そしてダーリンは晴れやかな顔でこう言った。

「ミエ、素晴らしい提案をありがとう。それじゃあ、すべての部屋が畳ルームになるんだね。想像するだけで美しい。これで、僕がアメリカから持ってきた障子も映えるだろうなあ」

へっ、と言ったきり私の頭はぴたりと動かなくなった。ダーリンの荷物リストには、そういえば障子板というのがあった。どういうものなのか深く考えていなかったが、もしかしたらかなり大きな、つまり原寸大の障子なのか。日本人形や行灯もあった。あああ、しまった。どんなに仕事が忙しくても、一度アメリカに行ってダーリンの暮らしぶりをこの目で見ておくべきだった。もう遅い、荷は横浜港に着いてしまっている。

「全部畳にしてしまったら、ずっと膝《ひざ》を折って暮らすのよ。それを正座といいます。ずっと正座で暮らせるの？　それができなければ、畳は寝室だけにしましょうよ。私はそうしたい」

「もちろんずっとは無理だよ。でもあぐらはできる。空手道で鍛えたからね。さあ、そうと決まったら何枚畳が入るか調べてもらいましょう」

子どものように喜んで部屋を見て回るダーリンに、もう何も言えなくなって、大家さんが懇意にしているという工務店さんに来てもらった。寝室には畳10枚、リビングには畳18枚。

多摩川のほとりの新婚家庭は、まるで柔道場と化すことに決まった。仕切りふすまも巨大なサイズの特注品に決定。

安心したダーリンは次に手元のスーツケースからメジャーを取り出した。これから家具の配置を考えるために寸法を測るのだろうと、誰もが思った。工務店の社長さんが気をきかせて、「ああ、私のがありますよ、使ってください」と差し出すとダーリンは、要らないと言う。

これこれ、日本では人の好意を素直に受けるものよ、とやんわり言うと、ダーリンの説明は思いがけないものだった。

「これはドアの内側に縦に貼《は》りつけるんです。これから人の出入りが多くなります。全部知らない人だから、悪い人が紛れ込んで何か起きたとき、その人の身長を正確に目で知るために」

試しにやってみましょう、とダーリンは立っていってドアにまっすぐメジャーを貼った。そして工務店の社長さんに、さあ、ドアからあわてて逃げてみてくださいと言う。人のいい社長さんは嫌な顔もせず小走りでドアの外に出て、すぐに戻ってきてくれた。ダーリンはうれしそうに確信に満ちた声で「１６５㎝！」と言うのだった。

部屋中央の照明をあかあかと点けてはいけない

真新しい青畳の香りがする新柔道場スイートホームは、あっという間にできあがった。特注サイズで、1枚がふすま2枚分の寸法になる仕切りふすまは、まだしばらく時間がかかるということだった。

工務店の社長さんはこんなに大きな「飾りふすま」を作ったことはないと、とても張り切ってくださり、ダーリンに日本の美を教えたいと図柄選びにも燃えていた。あの、ドアメジャー縦貼り実験以来、社長さんはダーリンがすっかり気に入り、互いに通じるところがあるようだった。

「ああいう日本のいい人をなんて呼ぶの?」

社長さんは木下さんという名だったが、日本では「男気のある人」ってほめるのよ、と教えるとダーリンと彼は、それから「オコギ」「アメリカ旦那《だんな》」と呼び合うようになって笑えた。

さて、いよいよダーリンの荷物を運び込む準備は整った。港に置いてある荷物の配送は日本の運送会社に頼まなければならない。船便の荷物リストを見てもらって見積もりを依頼したが、中型のトラック1台で大丈夫でしょうということだった。荷は港の倉庫でコンテナから出され、ばらしてトラックに積まれ新居にやってきた。

私の荷は、ダーリンの荷の入り具合によってばっさりと処分しようと考えていた。リビングルームが畳になってしまったので、大切にしていた大きなテーブルや一つ一つ買いそろえた椅子は、人に譲るか、どこかに寄付するか、である。まだ家財道具の保管サービスのビジネス広告もなく、当時そういうものがあったかどうかさえ知らなかった。

運び入れるのが何より大変だったのは「大統領の執務机」である。L字型に組む形で、メインの机は畳1枚分ほどの大きさがある。そして右横にやや細長いL字のもう一方が直角に並ぶ。分厚い上質のオーク材でできた本当に重厚な机だ。足の部分もすべてオーク材の一枚板で、つまり細い足というものがついていない。どこからも足元が見えないのだ。

窓に向けて設置するのだと思っていたら、窓を背にして入り口に顔が向くように置くのだという。18畳のだだっ広い畳部屋の一隅にその机が置かれると、部屋の様子が一変した。何というのだろう、明治維新の元老の部屋みたいなんである。その机だけでゆうに畳2枚分は使ってしまった。

机の上に載せるガラスの板は木枠でガードされて運搬されてきた。ダーリンはピリピリするほど緊張して、運送会社の人にゆっくりゆっくりと声をかけ続ける。後でその訳を聞いてみたら、あのサイズのガラスが割れると、人一人が簡単に死んでしまう、そういう例を仕事で見てきたからだと言った。ときどきダーリンの仕事の過酷さが伝わってくる。

そして机の設置が落ち着いたところで、ダーリンは私に、この机を贈るよ、と言い始めた。

「この素晴らしいデスクを買うときには本当に勇気が必要だったよ。新車を買うか、同じ値段でデスクを買うか。しかし、僕はプロファイリングで習ったことを実行したんだ。成功する人間は、自分の未来をはっきり思い描けるような準備をする。それが現実に手で触れたり、使うことができるものなら、さらにリアルにイメージできるからね。だから君に成功を贈るよ」

いいわよ、あなたが使ってよ、と言おうとして、不意に涙がこぼれた。私のことをそこまで考えてくれるの？　応援してくれるの？　という思いがけないうれしさがこみ上げてきた。

突っ張って仕事をやってきた私は、どこかで肩に力が入っている。年齢を重ねて仕事が面白くなって、結婚や子どもを持つというプレッシャーを自分でうまくかわしてはきたものの、仕事で人並み以上に成功している自分まで想像したことはなかった。

「ミエは自分の仕事の力を信じてきたんでしょ?」

半泣きでこくんとうなずく。

「これからはもう一人、君の仕事の成功を願う人間ができたんだよ」

ったく、外人男というのは甘いせりふを言うなあと思いながらも、仕事をすることを100%受け入れて当たり前のように認めてくれたことがうれしかった。周囲では引越しの作業の人が黙々と働いている。その真ん中で、肩を抱いたり涙を流したりしている私たちって、いったい……。

そしてダーリンは言った。

「こういう僕たちのように、あまりにも幸せな姿が外から見えると、嫉妬《しっと》から犯行に及ぶ人間が出てくるから、部屋の真ん中の照明をあかあかと点《つ》けてはいけないんだ。だから、基本は間接照明にしようね」

え、話の流れが変だけど。ダーリンの視線の先を追うと、見るからに汚れてくたびれた日本式の大きな行灯が3本でてきたところだった。もちろんすぐに捨ててしまいたいような代物《しろもの》だ。ううぬ、まんまと伏線を張ったわね。

でも、人生の応援団の登場に感動してしまった私は、行灯に引導を渡すことができなくなっていた。これも心理作戦なのか？　いきなりボロボロの行灯から先に見せられていたら、捨てて新しいのを買おうと言い張ったかもしれない。その後に、机をあげるよと言われたら、交換条件を出してごまかそうとしていると思い込みそうだ。

机はたぶんはじめから私に譲るつもり、というか、仕事をするときに二人で必要に応じて使えばいいと思っていたらしい。うまいなあ、目くらましの術。

表札にフルネームを書いてはならない

荷物リストの中で疑問に思っていた「衣類用防湿クローゼット」3基、「書類用小型防湿クローゼット」3基もこの目で確かめた。それはまるで防弾チョッキを着たようなクローゼットだった。外の壁がやたらに厚く、ぴったりと閉まる。

衣類用に至っては、中にハンガーがかかっているけれど、どう見ても5、6着しか入らないと思う。そしてその中には、エルメスのオフホワイトジャケットや、グッチのスーツが入っていた。FBIとブランドってどう考えても不釣り合いだ。日本の刑事の張り込み服や、あのアメリカのコロンボ刑事の私服だって、みなさんご存じの通りくたびれて見える。

ダーリンの答えはこうだ。

「VIPの警護について海外に行くときなどは、レセプション会場やパーティにも、もちろん同行する。そのときには極力同じ雰囲気で同化しなければならない。ね、セレブの中にいる場合には、スペシャルな服がいる」

ついでにダーリンは、だから見た目のいいやつが選ばれるんだ、と自慢した。

「いいや、自分を磨いていいポジションを摑んできただけだよ。麻薬の捜査だって、最初は使い走りの犯人を追っているけど、だんだん大物、元締めと渡り合うようになる。そういう連中が出入りするホテルなんかで、貧相な格好は目立ちすぎる。だから自己投資するのさ」

そのとけ込み作戦のわりには、いつも立ち姿が警察っぽいけど、ね。

荷物を片づけながら、いろいろな質問をして、少しずつダーリンの人生が見えてくる。

今は病院に入ってしまった父親は、大学の医学部に在籍中に入隊しなくてはならなくなり、6年間の従軍で元の医学部へは戻れず、会計学を修めて金融会社に入ったこと。だからダーリンにはどうしても医学か薬学を学んでほしいと言い続け、ダーリンにはそれが苦しかったこと。ダーリンは勉強が嫌いではなかったので父の希望に応《こた》えようとしたけれど、どうしてもスポーツが好きでもっとアクティブな仕事をしたかったそうだ。父と息子にはそれなりの確執があっただろう。

ダーリンのアルバムを見ると、赤ちゃんの頃から丁寧に写真が撮られ、成長がよく分かるように整理されている。高校、大学時代の写真は陸上競技やアメリカンフットボールの選手姿が多い。新聞記事も多くあって、カリフォルニアの大会で400m走の新記録を樹立したとニュースになっていた。これじゃあ、机の仕事より走る仕事に血が騒ぐよね。

「FBIになって一番怖いことって何?」

私の質問に、ダーリンの顔がぎゅっと硬くなった。しまった、と思った。いきなりど真ん中を聞いてしまうことが取材仕事の習い性になっている。仕事相手ならともかく、私生活では気をつけなくてはいけないのに配慮が足りなかった。やがて、ダーリンの荷物を広げる手が止まった。

悲しい話や残酷な体験をたくさんしてきただろう。そのために精神的な傷も抱えているだろう。自分が口に出した言葉を撤回したいと思った。でもダーリンは答える。

「怖いこと。それは一生涯、誰かから恨まれている事実が消えないことだろうね。現場をセミリタイアしても、こうして日本で君と結婚することになっても、ね。本当に悪いやつを刑務所にぶち込むのはいいんだよ。はっきりそいつも自分が悪いって自覚してるから、白黒つけて終わる。でも、グレーゾーンもあるだろ。それに貧しさから、とか親に虐待されて育って悪くなるやつもいる。こうなる前になんとかしてやれなかったのか、と思うことも多いんだ。彼らは社会を恨んでるし、捕まえた警察官のことも恨んでるよ。どこかででくわして復讐《ふくしゅう》されるかもしれない。国が違ってもね」

だから、表札を出すのが一番怖いなあ、そう言ってほうっと息を吐きながら、ダーリンはやっと笑い顔になった。僕の名前は表札に書かないでね。それから君の名前も名字だけにすること。家族の様子が道を歩いている赤の他人に全部分かるような危険なことはしてはならない、と。

犯罪者たちはネットワークを持っていて、表札をはじめ新聞受けやポストにも互いの情報を交換するマーキングをしていると、このときすでにダーリンから聞いた。日本で、そのことがニュースになったのは、それから20年後だ。

アメリカで起きていることは、必ず日本で起きる。夜中まで引越しの片づけものをしながら、ダーリンの怖い予言に背筋が寒くなる一日だった。

電話は犯罪の入り口。自分から名乗ってはいけない

ダーリンの引越し荷物は予想外に多かった。そして畳生活である。私は半分以上の家財道具を処分して衣類や本、台所用具を中心に持ち込むことになった。押しかけ女房の風情である。フロントのリビングルームにはスライド式の巨大な本棚を置いた。これだけは商売道具として譲れない。

私には親しいクリエーターの仲間がいて、その中の一人が原宿でデザイン事務所を経営していた。そのスペースの一部を私は借りることができ、取材や打ち合わせ、原稿書きとありがたく便利に使わせてもらっていた。さらにプロの電話秘書と契約しており、電話は彼女が私の個人事務所名でとり、取材のスケジュール調整やアポイントメント、資料集め、掲載紙の管理なども一手に引き受けてくれていた。

それでも名刺には新しい自宅の電話とファックスの番号が不可欠だ。朝早く、あるいは深夜の連絡や原稿修正も半端ではなく多い。この頃は、広告のコピー制作やプランニングの仕

事のほかに、毎週1回新聞紙上に著名人の取材記事を担当させてもらっていた。書き手は私一人だけという責任があり、新聞という媒体の性質上、時間の制約も大きかった。直接私が話をして決めていかなくてはならないことのほうが多く、すぐにつかまる、というスピードも大事だった。

新しい電話番号を入手するには、当時は最寄りの電話局に申し込んで電話番号をいくつかの候補から選ぶというやり方が普通だった。新規申し込みには直接窓口へ行く必要があったけれど、番号については翌日局から候補番号が出てきましたが、と電話がかかってきたらその場で選べば決まりである。すぐ使えるようになる。

ダーリンはそのシステムの説明を黙って聞いていたが、それではだめだと言い出した。

「電話局が適当にチョイスする番号なんて戦略がなさすぎる。直接電話局に行って、これだ、という番号が出てくるまで待つべきだ」

そして、さあ行くよ、と身支度を始めたのだった。電話局の窓口を訪ねると「ああ、田中さん、ご連絡しようと思っていましたよ。7、8本なかなか使いやすそうな番号が出ていますよ」とのどかな対応である。

しかし、その番号を聞いてダーリンは強い口調で「ＮＯ！」と言った。迫力ありすぎ、怖い。そのときの窓口職員の顔ったらなかった。ああいうのを引きつった顔、っていうのだ。目が吊《つ》り上がり、動きが止まって能面のような静止画像になった。数秒して、パクパクしながら職員は、「そうは言ってもここから選んでいただく決まりです」と焦る。ダーリンは、驚かせてすみませんと謝りつつ、尋ねる。

「本当はもっと保留している番号がありますよね。普通、電話回線は60から70くらいは局ごとにキープしているはずです」

出た、なぜか知らないが裏を知っている特技。

「僕たちは仕事で使う大切な番号を探してるんです。たとえば末尾が１１とか、５５とかで終わる、あるいは３３３で終わるのでもいいよ。とにかくここで、ずっと待たせてもらうから、どうぞゆっくり探してください」

ひええ、なんだか脅しているようで申し訳なくなるが、ダーリンは当然という顔だ。職員は観念したように、何も反論しないまま作業を始めてくれた。

コンピューターが相当ゆっくりしか動かないのか、入力していない情報の中から探すのか。窓口では台帳を繰り、同じ局番地区から空き番号候補のよさそうなものを見つけては、他局に電話してまだ空いているか確認するという、手間のかかる作業をやってくれた。待つこと2時間。ついに私たちは末尾4200、6400という奇跡のような2回線を手に入れたのだった。

こうしてあちこちに通知を出し、かかってきた電話には「はい、田中です」と出た。しかし背後でまたダーリンの「NO!」という声がする。今度はなあに？

「自分から名乗ってはいけない。企業とは違うんだ。名乗ったとたんに相手が間違い電話でした、と言って切ったとする。しかしそいつは、この局番には田中という家族がいる情報を手にする、しかも一人は確実に女性だよね。住所の見当もつく。金輪際やめたまえ」

私は納得がいかなかった。はい、と言ったきり黙ってろというの？　ほとんどは知っている人や仕事先からかかってくるのよ。いるかいないかわからない犯罪者におびえて、失礼な人間になるのはいやだ！

これはもめた。自分たちだけのことなら妥協もするけど、ビジネスなんだ！　ダーリンはまた、たくさんの電話から派生したアメリカの事件事例を出して、私を説得にかかったが、私は譲らなかった。分かったよ、ただし、とダーリンは態度を和らげて言った。週末だけは名乗らないでくれ、危ないんだから、と。

このときはもちろん思いもよらなかったが、最近頻発する「振り込め詐欺」の手口には、これが使われていた。最初にランダムな番号をかけまくり、名前を名乗ったら間違いと言って切る。そして、その家族の名を知るだけでなく、年配者で警戒心の薄そうな相手だと確認するのだという。ダーリンは後年、詐欺事件を知って、もっと早く手を打っていたらといかにも無念そうだった。

君のレコードから麻薬の匂いがする

私の荷物の中には、本以外にかなりの量のレコードがあった。大きなＬＰレコードはジャケット写真もかっこよく、何百枚とお宝を持っていた。最初はダンボール箱に入れて引越し荷物として置いていたけれど、本棚の一部を飾り棚にして好きなレコードを置くようにした。

ダーリンは、レコードの配置を手伝いながら、かつての主要任務は国際的な麻薬捜査だったと昔の話をしてくれていた。アメリカ国内では州を越えて麻薬の密売人の情報を集めて追い詰め、500人近い犯罪者を刑務所に送り込んだと、鼻をヒクヒクさせて自慢している。

もっとも私と結婚するために来日してからは、麻薬関連の国際捜査だけでなくFBI関連の現場の仕事はすべて辞めた。そして、大使館の臨時職員待遇で米国VIPが来日する際の警護や、日本国内での情報収集を担当することになった。

しかし、ダーリンは日本語がまったく話せない。私は不安になって尋ねた。

「ねえ、日本語が話せないのに、どうして日本での情報収集の仕事が来るの?」

「FBI本部には、すごく優秀な部下を雇ったって言ってあるんだ。もちろん君のことだよ」

FBIの任務は、そんなにちょろいのか。冗談を言っているのか何なのか。正直、ダーリンの仕事の実情はさっぱり分からない。もちろん私は手伝えない。麻薬実態を調べに渋谷や新宿の盛り場へ一緒に出かけ、怪しい男たちやゆらゆら華やかな女たちをマークしようなんて誘うな、である。

どちらにしても、ダーリンは週のうち4日間は仕事に出かけ、デスクワークは最低だなあと言いつつ、夕方7時には家に戻ってきていた。今まで研ぎ澄ましていたその危機管理センサーをまったく使えないのは、さぞつらいだろう。退屈で仕方がない様子が体中から伝わってくる。しかし、その危機管理センサーが思わぬところで発揮されることになる。ある日、私が仕事を終えて帰宅すると、

「インターネットによる情報送付をすませたからね。掃除くらいしなくちゃ」

とダーリンが部屋を片づけながら大汗をかいている。見ると、私の本棚に輝いていたＬＰレコードコレクションが50枚くらいごっそりとなくなっていたのだ。私の険しい視線の先を追って、ダーリンはにっこりしながら答えた。

「ああ、これね。君のレコードから麻薬の匂いがしていたからだよ」

「ふざけないで。私の青春時代の宝物だったのよ。ロックの名曲ばかり。本当に捨てちゃったの？」

「何を言ってるんだ。クイーン、グランド・ファンク・レイルロード、レッド・ツェッペリン、フー。どいつもＦＢＩの麻薬犯罪者リストに載っている連中ばかりなんだよ」

ダーリンはそう言って、ロックグループの名を数え上げた。いつかダーリンと一緒に懐かしい青春の音楽を聴こうと夢見ていたのに、50枚もの宝が燃えないゴミとして消えていた。

お金がない時代に1枚1枚集めた大切なレコードたち。私の落胆は本当に大きかった。思い出まで葬り去られた気分だった。しかし、ダーリンはまじめな顔でまっすぐにこちらを見てこう言った。

「ねえ、君。麻薬に手を出す人間はみな、はじめは遊び気分やファッションから取り込まれていくものなんだ。こんな危険なレコードは処分しなければ、麻薬の快楽に犯されるよ」

「あのね、言いたくはないけど私はもう30歳を過ぎました。青春は終わったの。もう音楽で道を踏みはずしたりはしないわ」

「甘いよ。日本人は麻薬を甘く見ている。妻となった君が人生の苦しみに直面したとき心の拠《よ》りどころは、あのレコードと見た。今のうちに消したほうが、僕たちの幸福のためだと信じてほしいね」

私はとんでもない男と結婚したのかもしれない、とこのとき思った。少しも悪びれた様子のないこの日のダーリンの姿に、思わず涙が溢れてきた。だが、ダーリンは私の頬の涙をそっとぬぐって言った。

「大丈夫。これからも君を危険から守るよ」

PCを敵から守れ！　秋葉原での過酷な任務

ダーリンが奥の間にパソコンを設置した。スライド式のキーボード置きがついた専用台というのを秋葉原で購入し、デスクトップ型のアップルを置いて日夜パソコンをいじり続けている。アナログ人間の私は、パソコンを使おうという気がまったくなかったので、ほとんど触ったこともなかった。

しかし、秋葉原にこの台を買いに行くのには付き合った。大きなビルの中に入っていくとすさまじい商品量なのだが、驚いたことに私には何に使うのかが分かるというものがない。右を見ても左を見ても、ケースに書いてあるカタカナや英文字は読めるけれど意味が分からないのだ。知らないものだけが押し寄せるほどの状況は気持ちが悪くなる。ダーリンは目を輝かせているが、私は立ちくらみを起こし帰りたくなった。

気分が悪そうな私を見てダーリンは、とにかく先に台だけは見ておきたいと私を支えて歩き出し、店員さんの前へ連れていった。そして台のあるフロアはどこか聞いてくれ、と言う。

店員さんは、ああデスクですねと言う。よく分かんない。でも夫は台だと言ってるんで、デスクじゃないと思いますよと私。ああ、めまいがする。

ぐにゃぐにゃして使い物にならない私をあきらめ、ダーリンは直接尋ねようとしていた。いいぞその調子、早くいろいろ経験して日本語を覚えてねえ。

5階にあるとやっと分かってエスカレーターで1階ずつ上がる。各階の商品を覗き込むようにしてダーリンは身を乗り出している。たどり着いたのは、デスクも台もあるフロアだった。これなら分かるとダーリンは商品に分け入っていった。私はだんだん頭が痛くなってきて、隅っこにしゃがみ込んでしまった。早く決めちゃって、とダーリンには手を振り、待ち続ける。

30分はゆうに過ぎた。ダーリンはまだメジャーを持ちながらあちこちを測っている。迷っているんならまた今度にしたい。帰ろうよ。でも、一緒に暮らし始めて以来、私には分かってきたことがあった。ダーリンは細かいところまで徹底的に理解して納得しないと気がすまないのだ。なんでもざっくり、雰囲気を大摑みする私とはまったく違う。

50分が過ぎてやっと決まる。ああ、神様、ありがとう。帰ろう。ところが荷を配達してもらうことになって、また時間が止まってしまった。配達指定ができるが、何日の何時頃がいいか、というのである。店員さん、お願いだからこの人に細かいことを聞かないで、日が暮れるから。

　しかしなんとか日時が決まった。ダーリンはあらゆる想定をシミュレーションしてその「特別な1日」をついに決定したのだった。FBIってこんなに判断が慎重だったら、何かあったときに間に合うのか、とふと思った。

　これで今日の任務は終了したいと言って、私は先に歩き始めた。耳がウワンウワンするし一刻も早く外に出たかった。きれいな空気を吸いたかった。そのとき、ダーリンのちょっと甘えたような呼びかけが聞こえた。「ミエ、もう一つ買うものがあるよー」

　今日はないよー、と言い返したかったが、私はもうここには二度と来たくないと思ってしまったので、決着をつけようじゃないかと力を振り絞った。

　ダーリンは「◎#&＊☆@@%♂……」がどうしても必要だと言う。？？？？？？？？

　えっ、もっとゆっくりお願いしまーす。

「◎―#―&―＊―☆―@―@―%―♂……だよ」

「それは何するもの？」情けないけれど復唱することもできないから、用途を聞いて店員さんにつなぐしかないのだが、用途も手ごわかった。

「外からコンピューターに入ってくる、ウイルスという悪質な情報を選別して進入しないようにブロックするものだけど、中にはすでに一つ入れてあるが、安全のためにもう1種類外付けにしたいんだ」

ドアの錠前といい、電話といい、外から進入してくるものは徹底的に防ぎたいのね、ダーリン。よく分かんないけど、侵入を防ぐということだけは分かった。そのただ一つを手がかりに店員さんの前に再び歩いていった。

「ええっと、パソコンを開いたときに侵入するウイルスを防ぐ器具をください」

「ああ、それなら、器具ではないんですよ。ご自分のパソコンからウイルスバスターなどのソフトをダウンロードすればいいんです」

単語を聞いてダーリンは言っている意味が分かったらしい。「違う、それはもう入れてある。外付けの物がほしいと言って！」仕方がないから外付け、とだけ言うと店員さんはパッと顔を明るくした。意味が分かったからなのか、高い商品でしめた、と思ったのか不明。

それならいろいろございますが、ご説明しましょうと、箱がぎっしり並んでいるコーナーに案内してくれて、五つほど並べて解説が始まった。

分からない。日本語でいくら言ってくれても、テクニカルな言葉を英語にできない。そんな語彙《ごい》は私の薄っぺらい辞書にはない。店員さんとダーリンは、パソコンのことをまったく知らない私にそろってため息をついた。使えないなー、という空気である。君たち、それぞれで通じ合えるように勉強せい！　私はついにギブアップして帰った。

しかしこの日から、ダーリンが納得する設備がすべて整うまで、私は秋葉原で悩まされ続けた。アキバへ行こうというダーリンの声を聞くと、頭痛や腹痛が起きた。初めて登校拒否児童の気持ちも分かったのである。

PART-3

FBI直伝・家庭も仕事も楽しむ10の掟

1 家庭と仕事を両立させてこそ人生は楽しい

新居や住所変更、挨拶など基本的なことが落ち着くのに3カ月ほどかかり、私たちの新しい暮らしはゆっくりと軌道に乗り始めていた。ダーリンは車を持つことをやめて、電車通勤をすると言った。私の仕事量は以前と変わらず。プライベートなことでも重労働だったのでかなりくたびれてきていた。東京の日射《ひざ》しが強くなり汗ばむ日も多くなった頃、ダーリンは「アメリカの家族に会いに行こう。そしてささやかな式を挙げよう」と言った。

私は彼の家族にプレゼントを用意していきたかった。お父さんは何が好き？ お母さんや妹さんには何がいい？ そう言って買う物を考えているときに、ダーリンは少しつらそうに、話しておきたいことがあるんだと深刻な表情になった。

「父のことなんだけど、もう僕のことが分からないんだ。アルツハイマーになってから5年になる。病院に入っているというのは施設のことで、今は母がときどき会いに行っているけれど、まったく思い出してもくれないと言っていた。だから、父には会わないことにしようと思う。ほら、父が元気な頃の写真があるだろ。75歳くらいのときの写真だけど、髪の毛もまったく抜けていないし生き生きとしてハンサムだ。このときの父をミエの目に焼き付けておいてくれればいい」

分かった。でもダーリンは会いに行ってね。私は外でいくらでも待ってるからさ。

それから私は、日本のお土産としては真珠が有名だと考えて、アメリカの母に真珠のネックレスを買い、妹には真珠のブレスレットを買った。

妹の子どもは8歳になる活発な女の子だという。それならウケを狙おうと、合羽橋《かっぱばし》道具街へ行ってショーウインドウ用の食品サンプルを買った。アメリカの8歳児といえばチョコレートサンデーで決まりでしょう！

そして自分のために、シャンパン色の半袖のワンピースを調達した。ダーリンが気にしていたブーケの色は、白とシャンパン色とグリーンを現地でオーダーしようと思っていた。

到着した昼のロサンゼルス空港は、成田空港とはまったく雰囲気が違う、巨大だけれどリラックスしたカジュアルな空気感があった。日本の空港にあるゴージャスなブランド店がほとんどなく、抱き合ったり歓声を上げたりする若い人がにぎやかで軽やかな風通しを感じる。

空港の税関を出るときに、ダーリンが係官に挨拶をしているのが見えた。やっぱり日本にいるときと雰囲気が違い、水を得た魚のようだ。

私たちはここでレンタカーを借りて海岸沿いにサンフランシスコへ行き、翌日二人で式を挙げることになっていた。そして母たちが住むロサンゼルス郊外へ向かう予定だ。ダーリンは乗り心地のいい大型の車を借りてきて、窓と天井を全開にした。海岸沿いの道路はすいていて、海までの景観を邪魔するものは何もない。海面がきらきらと輝いていて、ダーリンがぜひこの道を走って教会へ行きたいといった気持ちがよく分かった。うれしかった。ダーリンの声も弾んでいる。

「初めて出会ってから3年だね。長かったけれど、僕はとうとう夢を叶《かな》えたよ。ＦＢＩの仕事も面白かったけど、もう一つ別の人生を始められることがすごくうれしい」

それからダーリンはずっと楽しそうに、これからの日本には危機管理が必要になるから、僕のキャリアを活かせると思う。危機管理者を養成する会社を作って、一般の人の日常的な啓蒙《けいもう》から、交通機関や空港のテロ対策までレベルの異なるカリキュラムを作って……と語り続けていたらしい。しかし、新妻は眠りこけていた。目が覚めたら、夜のサンフランシスコだった。わああ、近いねえと、わざとらしく言ってみる。ダーリンはボソッと、「6時間だけどね」と言った。すみません。

予約していたホテルはバルコニーが海に張り出していて美しい。ダーリンも機嫌を直して、ろうそくをともしたテーブルで、たらふくロブスターとキャビアを食べ、きりっと冷えたシャブリで何回も乾杯をした幸せなディナーだった。

翌日は曇り空で、半袖のワンピースが少し寒かったけれど、ホテルで作ってもらった希望通りのブーケを持って坂の上に立つ小さな教会へ行く。神父さんの言葉はやさしく心に沁《し》み入るようだった。誓いの言葉に添えて、ダーリンはこう付け加えた。

「僕が死んだら骨は箱に入れて、ミエが行くところについていき、ミエが死んだら同じ墓に入ることを誓います」

って、ちょっと、私もあなたも死んでるのに誰がやるの？ しかも新しい人生の誓いに、自分も相方も死んじゃう話って。まあそこが、たくさんの人の犯罪や死を見てきたダーリンらしいと言えば言えるけど。

こうして式は15分くらいで終わり、外に出るとダーリンは「ジャスト　マリッド！」と道行く人に告げた。人々は立ち止まって口々にお祝いの言葉を贈ってくれる。おおアメリカっぽいじゃん、と新婦はこれをことのほか喜んだのだった。

そして翌日は母の元へ。また片道5時間のドライブだ。今度は寝るまいと思ったけど、やっぱり熟睡して到着。母は背の高い大柄な人だった。大振りのイヤリングにグリーンのスラックス。おしゃれな人でうれしい。ミエ、と発音できず「ミーヤ！」と呼んで力いっぱい抱きしめてくれた。私は耳元で「ジムを連れていってしまって、ごめんなさい」と謝った。ずっとその一言が言いたかった。母は目にいっぱい涙をためながら両手で私の頬を挟み、

「コングラッチュレイション　ユア　ニュー　ハッピー　ライフ！」

と言ってくれた。

妹も走り寄ってきて抱きしめてくれた。姪《めい》っ子は食品サンプルのチョコレートサンデーがツボにはまって、ケタケタといつまでも笑っている。してやったり！　温かい出会いだった。妹のご主人は出張中で会えなかった。母と妹は私を真ん中にして話しながら、

「ミーヤ、あなたはもうきちんとキャリアを積んできたそうね。それを磨いていくのよ。決して妥協しないで仕事するのよ。家庭と仕事は両方あるから面白いの。両方から補い合うエネルギーが出るのよ。私もベティも、そうやって人生を楽しんで生きてきた。欲張って生きなさいね」

母はアメリカで秘書検定ができたときの秘書1期生なのだという。妹は父親と同じようにバンカーだ。すらりとした長身。私は二人に見下ろされながら、幸せをかみ締めていたのだった。

2　相手の服装が発するメッセージを読みとれ

アメリカの母と妹から、「働くからこそ人生は楽しい」パワーをたっぷり注ぎ込まれて、私は気力が充実している自分を感じていた。旅行中、ダーリンも私がどんな形で仕事をしていきたいのかと何度も尋ねてきた。コピーライターとして広告を作る仕事、そして人物インタビュー、この2本を柱にして仕事を続けたいという思いは、一度も揺らがなかった。

広告制作は、広告代理店との仕事で化粧品、航空会社を担当し、ランジェリーのメーカーとは直接の仕事をさせてもらっていた。テレビCM、雑誌や新聞広告のキャッチフレーズを作り出す作業は、難しいけれども勢いがあって本当に面白い。1行のキャッチフレーズと広告のすべてを決定するには、何カ月もかけてプロジェクトを組む。クリエーター仲間とコンセプトを練り、調査をかけ、知恵を出し合い、ブレーンストーミングをし、対象ユーザーのグループインタビューを重ね、一つの到達点に行く。その仕事の仕方が私は何より好きだった。

新聞のインタビューの仕事も実にやりがいがあった。毎週毎週、今をときめくプロに会って話が聞ける。名だたる企業の経営者から、音楽家、建築家、ベンチャーの覇者、歌舞伎《かぶき》役者、日本のスター。新進気鋭のビジネスマンにも数多くお目にかかっている。これもどうしても続けていきたい仕事だった。ダーリンは、広告については言葉と文化の世界なのでアドバイスはできないけれど、インタビューの仕事は僕なりのトレーニングをしてあげられるよ、と提案してくれた。

「君はインタビューに行く前に、相手についていろいろ調べていくよね。主に、活字情報、作品、映像だ。それは絶対に必要不可欠だ。でもそれはまた、人の手を介した2次情報であることは間違いない。たとえ本人が書いた著作でも、それは一種の分身だからフィルターがかかっている。とすると、君が1次情報を得られるのは、本人と直接会った瞬間からインタビュー時間として与えられた終了時までだ」

うん、そう。しかも調べていったことを頭に入れてから話を聞くので、しっかり本人と向き合わないと、まるで旅行ガイドを読んでから旅に出て、現地でガイドブックを確認するみたいなインタビューになってしまう。

あまりにも相手が大物だったりすると呑まれることもある。相手が取材に慣れていてかわされたり、また、俳優やスターの場合はマネージャーさんが張りついていて、コントロールするというケースもある。つまり、滑っちゃうのだ。本丸にたどり着けない。

「僕がFBIで身につけたプロファイリングは、犯人の行動や残した証拠から、犯罪の動機や逃走中の心理を分析する技術だ。人間が残す証拠や行動には、必ず本人の気持ちや生活習慣、育った文化が表れているから、人物像をつくるのにも役立つ。今は科学捜査がすごく発達して、捜査も様変わりしてきたけれどね。僕たちはもっぱら人間の暗部に焦点を当ててきたけど、プロファイリングの技術は、仕事で会った相手の言葉以外のメッセージを摑むのにも応用できるよ。覚えていて損はない」

インタビューの場合は生身の姿がそこにあるから、捜査に比べてずっと容易に心理をたどれる、という。

素晴らしい仕事をしてきた人の、隠されたさらにいい言葉とか真実の言葉を引き出すために使いたい。あ、それから、その人の印象を効果的に読者に伝えるために、見るべきところを見られるようになりたい。私は大いに乗り気になった。ダーリンは「僕が教えられるのは、僕流の、ごく簡単なことだけどね」と言いながら教えてくれた。

「君の会う相手が日本のビジネス成功者たちの場合、そこで君が最初に知るべきことは、彼らが、自分を守ろうとしている人なのか、どのような場合もメディアの力を借りてチャレンジしようとしている人なのか、ってことだ。それを会った瞬間に判断して、まず私はそのメッセージを受け止めた、と相手に知らせるといい」

ダーリンが語った入門編はこうである。

最初の決め手は服だという。多くの人はスーツにネクタイで登場するだろう。

自分の成功を伝えたい人は、上質な仕立ての無難なスーツを着ていることが多いという。

髪は床屋さんで整えるタイプで、名刺のやり取りにも独特な間がある。同席する広報や社内のスタッフの様子にも慇懃無礼《いんぎんぶれい》な保守的な匂いを感じたら、インタビュアーは、「お目にかかれて光栄だ」とか、「ご活躍を多く耳にしお目にかかりたかった」と、最初にしっかり称《たた》えることが肝心だ。あなたの功績を十分に知っている。さらにその実力のすごさを直に伺いに来たのだ、本音を聞かせてくださいと畳みかけて取材に入れ。実際にはこのタイプは、仕事以外の話もしたいことが多い。自分の幅を見せたい人だ。

メディアの力をフルに活かしたいという人物はどの企業にもいるが、戦略を持っているタイプと、ゲリラ的なタイプがいる。戦略タイプはスーツ姿にほとんど隙《すき》がない。サイズも色あわせも現代のトレンドを把握している。これは年齢に関係なくである。

こういう人物には、その印象の鋭さを瞬時に言葉にし、そして「あなたの勢いや視点が読者にも伝わるようにしたい」と伝えるといい。彼が用意した戦略に、さらに具体的なエピソードが加わって話が膨らんでいくはずだ。

ゲリラ的なタイプは、誰でも見れば分かるだろう。ルールを崩してくるからだ。スーツのブランドがすぐに分かる、あるいは逆にサイズが合っていなかったり、型が崩れかけていたりする。俺は違う、と言っている。

彼らのようなタイプには「いったいどんなお話が伺えるのか、本当に楽しみにしてきました」と伝えよ。読者が思いもよらない強いメッセージを話してほしい、という流れが作れる。

今までも、事前の資料と見た目で、なんとなく人となりは摑めてはいた。しかしダーリンは、たんに自分の中で了解しているのではなく、あなたの仕事ぶりのどこを受け止めたと、会った瞬間に積極的に言葉にすることが大切だと教えてくれた。

3 人のタイプを瞬間で見分ける力をトレーニングせよ

私の仕事の中で、さらに別の重要なインタビューがある。それは広告を作る過程で、ターゲットとなるユーザーの一般女性を数人集めて、その商品ジャンルについての実感や不満、潜在的に感じている欲求を聞き出すインタビューだ。広告代理店が専門の調査会社に依頼して、人選からインタビューまで終えてくれるケースも多かったが、実際に未発表の製品制作に携わっている場合は、コピーライターやマーケターが担当することもよくあった。

彼女たちは、自分では自分の意見を言っているつもりでいる。しかし実際には、雑誌や口コミなどの情報のフィルターがかかっていて、本音を聞くことに苦労する相手でもあった。

インタビュー当日は全員初対面。スタート時は室内の空気は冷え切っている。しかも、なぜかたいがい一人、主張の強い人がいて最初の10分間は彼女のお説をみんながただ聞いているというパターンに陥ることが悩みだった。インタビューは6人ぐらいのグループで行なうことが多い。できるなら6人全員から、個性の違う本音を潤沢に引き出したい。

ダーリンが日本のビジネスマンについて教えてくれた三つのパターンを使って質問を向けるようにしたら、以前より効率よく話を聞き出すことができるようになった。しかし、複数の女性が同席するグループインタビューには、単独の取材とは違う独特の難しさがあった。

ダーリンは、

「まだまだ君は、一定の物差しを持って人を見る訓練ができていない。街へ出てプロファイリングの練習を始めなくちゃダメだよ」

と言う。

人を見た目で判断してはいけない、と育てられた私は、この考え方にものすごく抵抗を感じてしまう。新聞で取材するほどの相手はいい。もう言いたいことが山ほどあり、人から見られるのも仕事のうちみたいな方々だから、見た目で判断するのもダーリンに教えられたように会話の取っ掛かりを作るためと割り切れる。しかし、一般女性を判断するのはどうよ。

「あのね、これはビジネスだよ。別に私生活でミエが人を差別したり、貶《おとし》めたりするわけじゃない。人間は昔から、人の外観から注意深く敵か味方かを判断して生き延びてきたから、直感的に、どんな人かは分かってしまうものなんだ。それをちょっと意識的にトレーニングするだけだよ。やってごらん、役に立つから」

こうして私たちは、ガラス張りの窓越しになるべく多くの道行く人を眺められるコーヒーショップを探し、横に並んで陣取った。季節は4月下旬。コートを脱いで下に着ている服もよく分かる時期になっていた。

最初にダーリンが私に出したのは、話しかけやすい女性が通ったら教えろという指示だった。年齢はインタビュー対象者を想定して25歳から35歳である。あ、あの人、あ、この人もとやたらに言っていると、もっと絞り込めと言う。ぐうう、にらみながら、エイッ、この人だ、あの人だと30分以上やっていると本当にぐったりする。そしてダーリンから次の指示が出る。

「じゃあ、気位が高そうだな、話しかけにくいという人を選んでみようか」

これも30分はたっぷりやった。ダーリンは隣でお茶を飲んでいるだけで、何か言うわけでもなく、フンフンという感じで、ときどきメモを取っている。

次の指令は（もう逆らえないし、指令としか思えない！）、

「気遣いをしそうな、気の弱そうな人を探してごらん」

これが意外に難しかった。気難しそうな人のほうがよく目につく。マナーの悪そうな人も案外簡単に分かった。気遣いをしそうな人というのは、おそらく表に個性が出にくいのだと思う。そんなの外から分かるはずがない。勢いが落ちてきた私をダーリンはじっと待っていた。

最後は、できるキャリアウーマン。これはもうビビッとすぐ分かる。精神的にもう限界の、座ってから2時間半が過ぎたあたりで、ダーリンは言う。

「今日はこれで終わりにしよう。集中力が切れたようだからね」

また明日もやるの？　すぐに見分け方を教えてくれると思っていた私は、心底がっかりした。そんな私に冷え切ったコーヒーを勧めながら、ま、3日間くらいね、と言うのだった。

やりましたよ、3日間。不思議なことに日を追って判断が速くなっていった。信号を渡って向こうからやってくる一団を見て4つのタイプをさっさと言えるようになった。ここでダーリンは、自分がそう判断している理由を言葉にしてみよう、と促す。

私の分類はこうだ。

①話しかけやすい女性……コンサバな服と髪、身だしなみに気をつけてはいるが特徴がなく、上質な服を着ているがトレンドはいまいち逃している。

②気位が高そうで、話しかけにくい女性……もちろんおしゃれで高そうな服の人。歩く姿にスピード感があって一人か二人でさっさと歩く。細身。トレンド系。
③気遣いをしそうな気の弱い感じの女性……内股《うちまた》、歩く速度が遅い。服が全体的にフェミニン。髪がストレートで顔を覆いがちな感じの色白の人。
④できるキャリアウーマン……細身、足長、大きな上質バッグ。体に合った服で大股《おおまた》気味にさっさと歩く。顔が小さい（なぜかそう思った）。

ダーリンはそれでいいと言った。自分なりのグループ分けができれば、どのような集団を相手にしても対応できる。ぼんやりと眺めるのではなく、分類して捉《とら》えることがまず大事だという。この訓練は、いったいどう活きてくるのだろうか。

4　話しかけにくい相手は心の中で抱きしめろ

ダーリンの指令で3日間、しかも1回3時間も、ある一定の視点で女性を見る練習をして、自分なりに四つのタイプをほとんど瞬時に判断することができるようになった。

①話しかけやすい女性
②気位が高そうで、話しかけにくい女性
③気遣いをしそうな気の弱い感じの女性
④できるキャリアウーマン

で、ダーリン、この次はどうしろと言うの？

「どんな集団でも、数人のグループでも、ほとんどこの4タイプに分けられることは、3日間で経験したよね。グループインタビューで6人の人を前にしたときも、どの人がどのタイプか瞬間で見分けがつくはずだ。だとしたら、スタートはどの人から話しかける？」

本当は、話しかけやすい人か、キャリアウーマンに振りたいけど、気を遣って3番目の気の弱そうな人に話しかけるかな。意見言うのを遠慮しそうだから、先に声かけてみる。

「それは違うと思う。いいかい、君が分類した4タイプは、そこに集合した誰もが同じように感じる分類だ。人間には先天的にそういう判断力が備わっている。そして集団にアプローチするときには、平均値を持っている雰囲気の人間を軸にするのが鉄則なんだ。この中で平均値を持っているのは、コンサバで話しかけやすい女性だ。おそらく、その人の意見は奇をてらったりしないところから始まるだろう。最初に彼女が発言すれば、他の参加者も安心して、場の空気を読むことができる。つまり、彼女は帰ってくる場所、プラットフォームなんだ。そして気の弱そうなタイプは、意見を持っていたとしても、状況を摑んでからなるべく後で発言したいと思っている。だからその二つのタイプの間に他の人を挟んでいくといい。6人が10人になってもスタートは同じだよ」

つまりダーリンは、人が何人集まろうと最初は、誰もが安心する平均値の真ん中の人を見定めて、その人にまず話を振る、次に話しかけにくい人や、鋭いことを言いそうな人を挟み、最後は気の弱そうな人に安心して話させよ、それを質問ごとに、あるいはテーマごとに繰り返せ、と言うのだった。そうやって発言者のポジションを、彼女たちに心地よい順番にすることで、次第にリラックスした空気になり、みんなの発言も活発になるという。

「そして、君は、その場をリードしていく人であると同時に、すべての人を受け止めるニュートラルな存在である必要がある。ときには気の弱いタイプが多いことだってあると思う。そんな場合は子どもの寝息を聞くように、母のような包容力で相手のすべてに全身で耳を傾けるんだよ。人は話したいことがあるものだし、聞いてくれる人に話したくなるものだと思う」

どうすれば母のような包容力をかもし出せるのか、と畳みかけて聞くと、

「耳を澄ますんだ。最初はポーズでもいいから、体を前に傾けて、相手の目を見つめ、こちらの息を殺すのさ。相手が言いよどんでいるようだったら、心の中で相手を抱きしめるんだね。大丈夫、人間同士はそれが分かる」

ちょっと待って、それって女性に限らずどんな人にも有効？　大企業の社長や、高名な学者とかにも？　たとえは悪いけど、ヤクザさんにも？

「なぜ君がヤクザと話をするのか知らないけど、有効だよ。相手を調べて、調べて、そして

最後は、その人を愛することだね。抱きしめる想像をするんだよ」

そしてこの訓練以降、インタビューでひどく緊張することが少なくなった。少しずつ上達していったのだと思う。ダーリンが教えてくれた方法が優れていたのはもちろんだが、それ以上に、正しい方法でやっているんだという、心理的な拠りどころが功を奏したのだと思う。

5　スカートをはいて自転車に乗るな

結婚してから、私がするべきことは圧倒的に増えた。ダーリンは食べる量が相当に多い。日本に来たのだからと日本食をいろいろ食べることを楽しみにしていたので、私はいつもかなりの食材を買い込んだ。新居は多摩川べりで、駅まで歩いて12、13分かかる。自宅周辺には店一軒なく、買い物は駅前が頼りだ。私はすぐさま買い物用のママチャリを買った。

とにかく荷をたくさん積む必要があったので、前だけでなく後ろにもかごが付いている自転車を選んだ。取材や打ち合わせのある日は、自転車で駅の近くまで行き、小さな空き地を見つけて鍵をかけて置いていく。いかにも楽でうれしかった。

10日ほどたった頃だったろうか。ダーリンが怖い顔をして、私が出かける様子を見ている。その日は私のほうが出かける時間が早かった。ジャケットにスカートの仕事スタイル、バッグを前のかごに入れて手を振った瞬間だった。

「スカートをはいているときは、自転車に乗ることを禁止するよ」

と言う。

何言ってるんだか、意味が分かんない。とにかくもう出ないと間に合わないから、話は帰ってから聞くわ、と、ちょっとむかむかしながらペダルをこいだ。仕事と家事を両立させるためにがんばっているのに、なぜ自転車で効率よくやったらいけないの。どうにも釈然としなかった。帰宅したダーリンは、私の顔を見てすぐに話しかけてきた。

「納得がいってないみたいだね。僕が乗るなといった理由の第一は、あの醜い自転車にスカートをはいて乗ると、いっそう醜いからだ」

ぬあんですって！

「あのね、日本では当たり前に乗っているかもしれないけれど、前後にかごの付いた、サドルの低い、あんなアグリーな自転車は、他の国にはないんだよ。その上、ビジネスに行く服装で乗るなんて、アンバランスにもほどがある」

ぬあんですって！

「まあ、落ち着いて。確かに買い物は大変だろう。それは分かるよ、ありがたいと思ってる。だが、僕は君が仕事することを大切にしたい。しかも、いい仕事をしてほしいと願っている。でも、今日、うちを出て行くときの君の姿は、ちょっとおめかしして買い物に行くハウスワイフのようだった」

それがどうしていけないの？　自転車を降りたら仕事人としてしゃんとするわ。

「ミエ、この間、たくさんの女性たちを一緒に見ながら学んだよね。人の外見は、その人をかなり正確に表現してしまうって。君は買い物自転車に乗っていても、駅に着いたらビジネスウーマンとしてしゃんとすると言ったけど、どこかであの自転車でバタバタ駅に駆けつける生活の印象が染みついていくんだよ。だんだん、仕事用と言いつつ、自転車に乗りやすい服や靴を選ぶようになり、風に吹きさらされた髪が、ビジネスの現場では生活感を漂わせる。人間は、他人を見ることに長《た》けている、とも教えたよね。プロとして生き残ろうとする女性が、生活に追われるように見えていいのか」

それからダーリンは、ちょっとやさしい声になって、鏡を見ておいでと言った。

私はまだふくれっつらをしながら、洗面所に向かい明かりを点けた。確かに髪の毛は、乱れている。口紅も、はげてはいる。でも、一日仕事した後である。ダーリンは私の後ろに立って言った。

「なぜ、生活感の漂う人間に仕事を頼みたくないか分かるかい？　それは精神的にゆとりがないと判断され、すでにその人の能力が限界まで使われていることが分かるからだ。毎日の暮らしでいっぱいいっぱいな人間にクリエイティブな仕事は望めない。ものを創《つく》るパワーが枯渇しているように見えるからだよ。逆の立場で考えてごらん。髪を振り乱して駆け込んでくる女性に、化粧品の広告を頼みたいと思うだろうか」

そして、買い物は週末にまとめて一緒に行こう、荷物はすべて僕が持つ、と言った。

「生活は楽しもうよ。買い物を僕も一緒に楽しみたい。それを力にしよう」

犯罪捜査で得た人の印象の見分け方が、今度は妻の服装指南に及ぶのだった。

6　ヒールのない靴は、靴とはいわない

ダーリンの、私に対するチェックはますます細かくなっていく。こうなったら、毒を食らわば皿までだわ、と覚悟を決めて素直にとことん指南を受けてみることにした。

スカートをはいて自転車に乗るな、と言われたから、パンツスーツにフラットな靴を履い

て出ようとすると、キラリ、と目が光る。

「君はまだ、分かっていないね。やっぱりその自転車に乗りやすい服装になりつつある。仕事に行くときの自転車は禁止にしよう」

やっぱりそうきたか。週末にスポーティなスタイルで乗ればいいということなのね。しかし、そのうちこの自転車自体がＮＧになりそうな予感がする。

「それからヒールのない靴は、靴とはいわないよ」

えええっ。あなたは頭の中がアメリカ版の映画みたいになってない？　私は別に、ステレオタイプな女っぽいスタイルで仕事なんかしたくない。とにかく今日は、自転車は置いていくけど、このままの靴で行く。

私は、ヒールのある靴で一日外を歩くと頭が痛くなる。2、3時間で帰ってこられる日はいいが、取材や打ち合わせが立て込むと、本当につらい。それでも、ヒール靴を履けとダーリンは強制するのだろうか。かっこいいフラット靴だってたくさんあるのに。

その週末、ダーリンは、私が大量に持っているファッション雑誌や婦人誌を30冊くらいどっさりとリビングに運んできた。

「さあ、キャリア・プロファイリングをやってみよう。どんどん写真を見ていって、クライアントの目で、この女性にならら仕事を頼んでみたい、というのを君が選ぶんだ。僕もやってみるよ。この人は仕事ができる女性に見えるなというのをね」

そう言ってダーリンはどんどんページをめくり、手を止めるとビリビリと破り取る。

ぎゃあああ、やめて、せっかくのきれいな雑誌が、と私はあわてた。

ダーリンは手を休めない。

「じゃあ、君は何のためにこんなにたくさん保存してるの。自分のファッションに役立てたいから買ったんでしょ」

そうだけど、何も破らなくても。印をつけるとかじゃダメなの？

「あのね、ただ漫然と見ているだけでは、自分のものにならないんだよ。破くのは痛みを感じるよね。だからこそ、これと決めて、物差しを持って選ぶ。そうやって初めて、誰もが持っている同じ雑誌が、資料として自分のものになるんだよ」

そこまで言われたら何も返せない。泣く泣く、私も破きはじめた。

1時間近く、静かになった部屋で、ビリビリという音だけが響く。迷って動きが止まると、ダーリンは、コンコンと私の肩を叩《たた》いて、スピードを要求した。

「頭で考えてはダメだよ。直感を使いなさい。理屈は後から考えるんだ」

およそ60枚の写真が残った。組み合わせを見てみると、ジャケットとスカート、ジャケットとパンツ、スカートのスーツ、パンツスーツ、ときれいに4パターンだった。そして足元の靴には、みんな見事にヒールが付いていた。自分も選んでいるのだから文句は言えない。例外は、フェラガモのバレエシューズ、ペタンコパンプスを履いている3写真くらい。

「女性のヒールは、男性のネクタイに近いと僕は思う。もちろんネクタイをしない男性はいるよね。IT業界でも服装はラフだ。しかし日本のビジネスシーンでは、まだ受け入れられていないと思う。女性の服装はかなりバリエーションがあるけれど、それでもビジネスという物差しで見ると限定される。ヒール靴は、私は仕事のステージに立っていますというメッセージなんだよね。僕がFBIで捕らえた犯罪者の中で、女性は少数だったけど、ヒール靴をきちんと履いていた女の記憶がほとんどない。スニーカーやセクシーすぎるサンダル、たまにピンヒールなんだよね」

私にはまだ、人は見た目じゃないという思いが根強くあった。とは言うものの、どんな服を着ていても仕事ができる人だと思わせる自信はとてもない。ダーリンは決して頭ごなしではなく、私自身の判断を引き出すように一つひとつ具体的に説得してくるから、納得して受け入れるしかない。ヒール勝負もダーリンの勝ちであった。

このヒール指南は、子どもが生まれてからも再燃した。動き回る娘を保育園に連れていくときに、ヒール靴は走れないから怖い。このときもダーリンは譲らない。結局、ペタンコ靴を履いて娘を送り届け、バッグにヒール靴を入れて持ち歩き履き替えることになった。ちょうどニューヨークの女性たちが、スニーカーで通勤し、オフィスでパンプスに履き替えることを実践している時代だった。

7 一流のヘアショップへ行き、髪のツヤをキープせよ

髪のツヤというものに、ダーリンはことのほか気合を入れるようにと言う。それは、いつもプロファイリングの話で出てくる、仕事を頼みたくなる「ゆとり」の表現の一つだからだと。

そんなふうに無理やり考えなくても、髪にツヤがあったほうがいいのは分かる。でも実現はできていなかった。私は当時、肩までのセミロングで、もちろんヘアカラーもしていなかった。でも、軽いくせ毛なので、きちんとブローしないと、まっすぐサラサラにはならない。時間がないときは簡単に乾かしてしまい、ちょっとチリチリとするのだった。

「いいヘアカットショップに行ってるの？」

ダーリンは私の髪を見ては、疑わしそうに聞く。よく名が知られている、そこそこの店にきちんと通っているよ、と答えると、

「うーん、そのツヤとカットには技術力が感じられない。いいヘアカットショップをきちんと体験したほうがいいよ。君と僕が納得できる店を探そう」

ダーリンは自分の髪のケアにも力を入れていた。彼のブラウンの髪は猫っ毛で、毎朝、丁寧にシャンプーしないと、きれいにセットできない。シャンプーもアメリカのヘアカットショップで購入してきた特別なものを使っている。しかし、日本に来てからは湿気が多いために、そのシャンプーでも思うように仕上げられないようだった。

「とりあえず、僕が以前通っていたカリスマ美容師にケアしてもらおう。そして、そのレベルの店を日本で探すんだ。最初に目標を定めておいて、そこに到達する努力を惜しまない。ビジネスの基本と同じだね」

男性でこんなにヘアスタイルとコンディションにこだわる人を初めて見た私は、これから

気に入る店を探せるかどうか、どんなレベルなのか、見当がつかない。ダーリンのアドバイスはいつも念が入っていて、そして妥協がない。その詰めの厳しさが職業柄なのだろうと思った。「まあ、いいか」という言葉はダーリンの辞書にはない。

「じゃあ、航空券を手配してくるよ。3日後か4日後でいいかな?」

うん、と別のことを考えて生返事をしてしまってから、私は正気に返って心底驚いた。前に通っていたカリスマ美容師のところって、また、アメリカに行くの? ついこの間、帰って式を挙げたばかりなのに。だがダーリンは動じない。格安チケットを買う伝手《つて》があるし、トンボ帰りすればいいと言う。海外に行くことが普通に仕事の中に組み込まれていたダーリンには、当たり前のことのようだった。その場で大使館の友人に連絡を取って、チケットの状況を聞いている。

「有楽町にある小さな旅行会社に3日後のがあるってさ。取りに行ってくる。君のパスポート出して。そしていつものように電車の乗り換え方を書いてくれる?」

まるで県境を越えるみたいに、渡航というのをやっちゃうのね。これからついていけるだろうか、ダーリンのこういう行動に。お金は大丈夫なんだろうか。私は仕事の段取りのこともあって、胃が痛くなり始めた。ローマ字で乗り換え駅を書き込みながら、本気なの、と聞くと、ダーリンは、もちろんだよ、と言う。

それでも私はダーリンの行動に反対しなかった。それは、とにかくダーリンのパターンを把握してしまいたかったからだ。どんなときに、何を言い出すのか。何を譲れないのか。早いうちに体験して覚悟をしたかった。

ダーリンは、成田―ロサンゼルス往復一人7万円のチケットを買ってきた。

ロサンゼルスには午前10時に到着。ホテルを予約すると荷物を置いて、すぐレンタカーでそのヘアカットショップに向かう。カリスマ美容師はイタリア人の男性だった。おお、ロバート・デ・ニーロに似てる。彼は大げさにダーリンを歓迎し、私に笑いかけて、「このレディを紹介してよ」と言った。

「ワイフなんだ。僕は結婚して日本に住み始めたんだよ。この髪をツヤツヤにしてあげてほしくて連れてきたんだ」

それからダーリンは、日本では僕の例のシャンプーが合わなくて、もっと髪を明るくふわっとさせて、こしを与えてくれるものがほしい、僕の髪もカットしてポイントをワイフに説明してほしいと、話し続けている。カリスマ・デ・ニーロは、ニヤニヤしながら話を聞き、「相変わらず、ジムのこだわりには惚《ほ》れ惚《ぼ》れするね」とヨイショした。

その店は想像を超えて広く、美しいマホガニーの木で枠取りされた全身が映る大きな鏡をそこここに配していた。ドアガラスにはアンティークな模様が刻まれ、その横にはベージュ色の革張りソファがいくつも並んだウェイティング・スペースがある。そしてたっぷりのバラが生けてあった。高級そうな店だ。ダーリンがこんなに自分の容貌《ようぼう》に気を配ってるなんて知らなかった。FBIの埃臭いイメージがまたひっくり返った。それともダーリンがナルシストなだけなのかしらん。

そしてまず私がシャンプー、スペシャル・トリートメント、カットに挑む。ダーリンはぴったりとそばについていて離れない。正直、このプロセスなら日本のレベルと同じかも、と思っていたのだが、仕上がってみたら本当にピカッと輝くほどのツヤが出た。

次にダーリンもシャンプーとカット。自分のときには分からなかったが、ダーリンの髪をカットするカリスマ・デ・ニーロのはさみさばきは実にうまい。ダーリンは仕上がった髪に指を入れ、心から満足そうだった。それぞれが使用した製品全種類をすべて購入し、ダーリンはさらに、日本の雨の日用シャンプーがどうしても必要だと相談して、すすめられた品を半年分手に入れ、私たちはカリスマに別れを告げた。

8　一流のブランドショップで、自分の扱われ方をテストせよ

「子どもを持っても、今までのように力のあるクライアントと仕事をしていくつもりなんだよね。トーンダウンはしないことにしているね」

夫婦となって半年後、ダーリンは念を押すように尋ねてきた。私は強くうなずいた。どうしても仕事はやり続けたい。その私の思いをダーリンはよく分かってくれていた。私は両親が京都郊外に住んでいるし、ダーリンの親はアメリカで、子育てに関してはどちらの実家からも一切の手助けを望めない立場だ。そして私たちが結婚した頃はまだ、子育ての渦中にあっても独身時代と同じ仕事を続ける女性が、ほとんど周囲にいなかった。

例外は、妻の実家が近くにあり、全面的に母親の手を借りて乗り切っていくというパタ

ーンだ。メディアで取り上げられるような活躍をする女性の多くは、子どもを安心して預けられる後ろ盾があった。そのことは私自身が取材した女性たちにも共通している要素だった。

でも私は、どうしても子どもがほしかった。両親に孫を見せたいと思ったし、何より私自身がわが子を育ててみたかった。その上で、仕事の内容も減速するのはいやだと考えていたのだから、欲張りである。子どもはいつ授かるか分からないけれど、その心づもりだけはしておきたいとダーリンには告げた。

その頃私が準備として考えていたのは、まずまとまったお金をベビーシッター代として貯《たくわ》えること。保育園に入れたとしてもお迎えは6時である。都内で仕事をしていたら5時には飛んで帰ってこなければならないが、たとえばブレーンストーミングや取材が長引いたからといって途中で放り出すわけにはいかない。ダーリンも同様で、毎日迎えに行くことは望めない。だから、家族のように子どもをケアしてくれるシッターさんを探すぞと心に決めていた。

もう一つは、保育園に入れたらどこであっても近くに引っ越すということだった。

ダーリンは、私がスカートをはいて自転車に乗ることを禁止したが、子どもを乗せて通園することもダメだとこの頃からすでに言っていた。それは危ないからよね、と聞くと、やっぱり、その姿が美しくないからだと言う。どこまでも譲らないダーリン。印象が崩れるのはあっという間だから、とプロファイリング論法で押し切る。ただ、私にはその論法が新鮮に感じられたのも確かだった。今まで誰も私に教えてくれなかった新しい方法論が、そこには潜んでいる気がしていた。

そしてさらに、ダーリンは新しい行動を提案したのだった。

「所帯じみるって、あるよね。人は所帯じみても、自分ではなかなか気づかないから厄介なんだ。それを自分自身で知る方法がある。一流のブランドショップへ行くことなんだ。今から、自分でこれなら仕事で出かけてもいいと思う格好をしてごらん」

ちょっと面倒くさくて億劫《おっくう》だった。リラックスした普段着でダーリンとサンドイッチを食べていた昼下がり。子どもが生まれても仕事したいなあ、と将来の話をしていてゆっくりした時間が流れているときに、まさか服装チェック？

「メークもするんだよ。できあがったら行くから。僕も準備する」

ははあ、そういうことか。今日これからレクチャー開始ってことなのね。オフの日なのに髪を整え、メークをし、スーツに着替えパンプスを履く（パンプスはお約束）。

ダーリンもシャワーを浴び、仕事に着ていくブルックスブラザーズのスーツに着替えた。うわあ、二人でいったいどこへお出かけっていう、決め姿！　で、どこへお出かけかというと、銀座である。当時は今のように、シャネルやカルティエなどの大きな路面店はなかったが、国内外の一流店がそろっていた。なぜ、そんなところへ行くのか理由も分からないいま、例によって私は「勉強しに」ついていく。

ダーリンはどんな店にも先に入って、店の人に笑いかけ「妻に何か新しいシーズンの服をプレゼントしようと思って。ちょっと見せてくださいね」と言う。私も後ろからにっこり精一杯笑ってみる。その瞬間、私にはぞくっとする感覚があった。今までダーリンのことを見ていたお店の人が、私の上から下までを見抜く感じ。この女性はどの程度のものか、と着ているものだけではなく、中身まで見ようとする鋭さがその目に宿っている。

にこやかなのだ。お気に召したものがあればご試着ください、と柔らかな言い方である。しかし、目が怖い。

何軒も回って同じような体験をした。私はぐったりしてきた。ダーリンを促してお茶を飲みに誘い、さあ、これに何の意味があるの、説明してと迫っていた。

「お店に入ったときに、しっかり見られているって感じたでしょ。もちろん、君はお客さまだから、彼らは笑顔で応対しているけど、あれはね、君のクライアントの目だと思わなければいけない。店の人は人を見る長い経験を持っていて、しかも、客の人柄や信頼できるかどうか、どんな生活をしていて何を求めてるかまで見抜くんだ。彼らは現代の日本で君が接することのできる最も優秀なプロファイラーだよ。彼らを利用しない手はない。しかも、お金はかからない。君が育児に追われて、仕事への集中力や精度が落ちてくると必ず印象に表れる。お店の人はすぐ見抜いて、最上級の応対はしてくれなくなるよ。忙しいから仕方がないという言い訳も生まれる。もちろんある程度は仕方がないと思う。それでも、自分を客観視する物差しは必要なんだ。ブランドショップに入って、自分自身でお店との違和感を覚えたら、それは店の人が送っているサインだと理解したらいい」

つまりブランドショップにはテストを受けに行くというわけ？

「うん。商売なのに客を値踏みするのかと怒ってはいけないよ。それは別問題、別のテーマだから混乱しないようにね。僕が教えたいのは、自分のところのレベルに達していない、と人間は判断できるということ。もし、君がその店に違和感を覚えたら、その原因は自分にあるんだ。そして店員の目はそのままクライアントの目だよ。クライアントは、店の人と同じように君のレベルを見る。そのとき真っ先に判断材料になるのが見た目なんだ」

これは重かった。その四年後に娘を出産して、もちろん仕事をそのまま続けていた私は、娘の高熱で入稿がぎりぎりになり、ベッドの隣で原稿を書いて徹夜し、そのままクライアントになだれ込むなんてことが日常になった。目の下のくまをコンシーラーで隠しても、よれてムラムラになっている。服装だって、いつもその場しのぎだ。

それでも、物差しがあることは私を安心させた。たとえば、化粧品のクライアントの大きなプレゼンテーションに勝って、試しにその足で一流店へ立ち寄ってみると、お店の人の視線がひどく温かいと感じた経験がある。私の仕事の充実感さえ、伝わるんだ。人は人を感じているんだ。フリーランスゆえに一匹狼《いっぴきおおかみ》で、同僚や上司もなく、私生活を察してくれる人はいない。そんな私には、一軒の店の反応さえありがたいものだった。

9　つらいときはパートナーに甘えて乗り越えろ

私が子どもを宿したのは結婚してから4年目のことだった。とにかくつわりがきつくてずっと食事がのどを通らない。7カ月、8カ月と過ぎてもそれは変わらず、私の体重はわずかしか増えない。少し青い顔をしているけれど、外から見たら妊婦には見えない状態だったと思う。お腹《なか》もほとんどせり出してこなかった。それでもクライアントや仕事仲間には、まもなく仕事を休まなければならないことは告げていた。

気持ちの悪さは続き、血の巡りも悪い。手足が冷え切って動きが鈍い。ダーリンは心配して、私の仕事に合わせて自分の仕事の休暇をとり、妻に寄り添う生活をすると言い出した。

「そろそろ体と仕事の危機管理をしなくてはいけないときだよ。できるだけ仕事場の近くへ一緒に行くから心配しなくていいよ」

この頃の私たちには、妻が仕事を辞めて家で出産を待つ、という発想がなかった。今思えばおかしい。妊娠している妻が仕事を続けるのはまあよくあるとしても、屈強な夫が大使館の仕事をちょこちょこ休むのだ。

ダーリンは、私のスケジュールを事前に確かめるようになった。そして、約束通りその日は休暇届を出してくる。少しずつ仕事を減速していた私でも、週に2回は都心部で打ち合わせや企画会議があった。

ある日は、京橋にある広告代理店で打ち合わせ。ダーリンは、シャワーを浴び、髪を整え、自分もきちんとジャケットを着て身支度する。

そして、私の荷物やバッグを持ち、いくぶんヨタヨタ歩く私と一緒に駅までゆっくり歩く。必ず車道側を自分が歩き、人や車に鋭い視線を投げる。とくに向こうから歩道を走ってくる自転車を、ものすごい眼光でにらんでいた。もちろん歩道を走るのは交通違反だが、日本ではそんなことお構いなしだから自転車に乗っている人は罪の意識なんかない。ダーリンは私が歩くのを制止し、大きな体でかばうようにして立ち、行き過ぎる相手に「ヘイ！　ここは降りて歩きなさい！」と語気強い英語で言う。

ほとんどの人は驚いて、ハンドルが一瞬グラッとするからかえって危なくて仕方がない。

しかし、ダーリンのガードに妥協はない。自宅から駅まで、普通だったら12、13分間のところが、6台くらいの自転車ガードをしてもらって、倍ほどの時間がかかった。もちろん道行く人は、いきなり立ち止まって女性をガードしている外人に怪訝《けげん》な顔をする。初めて会った頃のVIPのガード振りを思い出して笑ってしまった。今日は、ダーリン、生き生きしてるじゃない。

仕事は午後からが多かったので電車はすいている時間帯だ。ダーリンは、降りてくる人が私にぶつからないようにまたガードする。別に誰もぶつからないよ、と思うけれど、もう止まらない危機管理モードである。先に乗り込んで席を確保するときも、男性の隣とかは絶対に選ばない。そしてやむなく私一人分しか座る席がないときは、左右の人を確かめるように見るのだった。

仕事先に着くとバッグを私に手渡して、外の喫茶店を指差し、

「何時間でも待っているから、納得のいく仕事をしておいで」

と私を見送った。新しい企画を考えるような会議は長引く。3時間、4時間とかかること

もあったけれど、ダーリンは雑誌や新聞を読みながらお茶一杯でじっと待っていた。
待たせちゃった！　と戻ってくる私に、ダーリンは笑いながら、いつも、

「イッツ　マイ　プレジャー」

と言う。つらくなかったかと私の荷物を受け取りながら尋ね、背中をそっとさすってくれたりした。その手のやさしさは今も記憶に残り、私の励みになっている。別に誰にも会わないダーリンがジャケットを着ている必要はない、と何度も言ったが、

「もし、君の具合が悪くなってクライアントがここに来たときにどうする？　仕事にありつけないような風体の外人男が待っているのは、どう考えてもマイナスだと思うよ」

女性が子どもを産んでも仕事をする、と決心はできる。しかし、自分の体に何が押し寄せてくるのかは、そのときにならなければ分からない。私にもダーリンにもそれは未知の世界だったけれど、そのときそのときで、妻が仕事を続けることを大前提に、私たちは踏ん張ることになった。そうして娘は無事に、この世に生を享《う》けたのである。私は産後1カ月半で、

じわじわと仕事に復帰し始めた。

10 青信号が点滅しても走って渡るな

私は子どもを持ってから、外では猛烈なせっかちになった。家の中で子どもといる時間はゆったり過ごそうと肝《きも》に銘じていたから、その時間を確保するためにも、目にも留まらない速さで買い物したり、電車に飛び乗ったりしていた。プラットフォームをちんたら歩いている学校帰りの高校生は、オラオラオラオラと品も何もなく追い越していくのだった。

この頃は歩きやすい靴で出かけ、仕事先のオフィスに着く直前に持っていたパンプスに履き替える方法でダーリンを説得していた。

娘は2歳になるまで保育園の空きがなく、平日の朝9時から夕方6時まで、週5日間べビーシッターさんのお世話になっていた。昼間たっぷり遊んでもらい、規則正しい生活ができたおかげで、夜は泣くこともなく9時には熟睡する。

だが、帰宅して食事の支度をし、夕飯を食べさせ、お風呂に入れて一緒の時間を過ごし、寝かしつけるという盛りだくさんのメニューに与えられた時間はたった3時間。おまけにダーリンもお腹をすかせて帰ってくる。これまた何か食べてもらわないと、彼は落ち着かない。

ダーリンがまだFBI現役時代、「6時半にジムを空腹にするなと、言い伝えられていたんだ」などと言うのである。糖尿病というわけでもないらしい。とにかくそれは魔の時間で、どうしても何か食べたくなるんだと熱を込めて言っていた。何年か後でアメリカの義母に質問してみたら、

「ああ、わが家はずっと6時半が夕飯の時間だったからなのよ。ジムが生まれてから大学を卒業するまでずっと、ね。DNAに組み込まれちゃったのね」

と笑っていた。夕飯6時半、ってのどかだったんですねえ。

しかし、とにかく、家ではゆっくり、外でバタバタが、私の習い性になっていた。それでもやるべき家事は終わらないことが多かった。私は毎朝5時前には起きて夜の食事の仕込みや洗濯をし、ベビーシッターさんへのノートを書き、夫の2段弁当を作り、その日の仕事の段取りをするという日常だった。娘が生まれる前に、ダーリンの助言があって自分の仕事場

を別に借りていた。私自身がそこへ出勤するような形を整えてあり、仕事の一切合財は外に置くという状態になっていた。

つまり、ダーリンには、家に帰ってゆっくり家事をする妻しか見えていなかった。ダーリンは、妻のバタバタが嫌いだったから、安定して仕事と育児の両立をしていることをアピールするためにも、うちでは穏やかに振る舞っていたのだった。

しかし、好事魔多し。仕事が早く終わった午後4時頃、私は自宅近くの駅で青信号が点滅しているところを突っ走っていた。当然、この頃の私は、黄信号でも状況によっては突っ走っていたので、青信号の点滅なんて何のことはなかった。渡りきった先にはドラッグストアがあるので、娘のオムツを買って帰ろうと店先まで行くと、

「ミエ、君は今、青信号が点滅しているのに走ったよね」

なんとダーリンが立っている。なぜこんな時間にここにいるの？

「僕は前から青信号の点滅で走るな、踏切をくぐるなと言ってきたはずだよ」

ううん、まあ理屈は分かるけど、私の現状ではほんの一瞬でも時間が惜しいの。

「僕は、君がどれだけ努力して、家庭と育児と仕事をやっているか知っている。頭が下がるし、感謝している。でも、青信号の点滅を走って渡ったとして、何秒くらい時間が節約できるんだい?」

1、2分じゃないの、と私は少しむっとして答えた。こっちの水面下の苦労も知らないで、という思いがきざしていた。

「忘れたのか。行動はくせになり、君の習い性になるってことを。間隙《かんげき》を縫って渡ってしまおうという、その気持ちが仕事や生活に出てくるんだ。ちゃんと準備をして仕事に臨むことが大切なのに、案外簡単に仕事がすんでしまったら、そう、まるで青信号点滅で渡ってしまうことができたら、その味を覚えてしまうだろ。そうすると緻密《ちみつ》さがなくなり、ジタバタが習い性になり、とにかくそこそこで間に合えばいいという甘さが出てくるんだよ。そんな些細《ささい》なことで判断を誤るな」

私はしょんぼりして、とぼとぼ歩いた。ダーリンの言うことは分からなくはない。でも現実に、時間に追われる生活が目の前にある。

そんな肩を落とした私を抱きかかえるようにして、ダーリンは言った。

「僕の弁当が作れない日があってもいい。娘をお風呂に入れられない日があってもいい。それを完璧《かんぺき》にしなくてもいいんじゃないか。君が青信号の点滅を走って渡らないと決めたら、もっと気持ちが楽になるよね。たかが1、2分、それを焦る気持ちが君の目つきを変える。そして、君が持つ空気を荒れた印象に変えるよ」

ほっと肩の力が抜けた。家事が大変だからといくらでも言い訳はできる。でも、ジタバタしない工夫をすると決めること。それが大事なんだとダーリンは言う。あの日から、私は、青信号の点滅では走らなくなった。

PART-4

FBI直伝・自分の魅力をアップさせる10の掟

1 初対面の人には時間差で2度微笑みかけろ

初対面の人に会うことの多さ。それは私の仕事の日常だった。とくに取材で1時間ほど話を伺い、その人についてすぐさま書き起こす新聞コラムの出来は、わずか1時間をどれだけ密度の濃いものにするかにかかっていた。その人の人柄、業績、考え方を通して読者に新しい、温かいメッセージを届けたいといつも願っているから、事前の情報はできるだけ手を尽くして入手していく。

たとえばビジネスで成功した有名な企業家に会うときには、その会社の概要から現在の状況まで調べ、その人が書いた本をなるべく多く読み、どこかで行なった講演の記録、社員に向けたメッセージの記録、もちろん詳細な経歴などを頭に入れていく。私生活や趣味なども懸命に調べる。

今でこそインターネットでかなり楽になったが、以前は、日比谷図書館と、唯一、雑誌のバックナンバーを閲覧できる世田谷の大宅《おおや》壮一《そういち》文庫へ本当によく通った。大宅文庫には、ビジネス雑誌からゴシップ雑誌まで、あらゆるジャンルが網羅されている。

とくに、映画の俳優など、あまり文字情報がない人の情報収集は、もっぱら大宅壮一文庫でお世話になった。過去の記事やインタビュー記事を山ほどコピーして持ち帰り、その人の考え方や生き方を少しでも理解したかった。それから出演作品も何本か見てからお目にかからなくてはならない。名脇役といわれる人の取材も多かった。事務所に電話したり映画会社に問い合わせたりして出演作品を聞き出し、レンタルビデオ店を探し回って7本も8本も見てからインタビューしていた。

毎週、できるだけバラエティに富んだ職種の成功者という条件で、人選も任されていた。医者、物理学者、演奏家、喜劇役者、外国人のコンサルタント、小説家、ITの覇者、彫刻家と選んでは、事前の準備で自分の首を絞める。それでも、毎回、横綱の胸を借りる気持ちでインタビューに臨んでいた。

ダーリンは、その1時間を有効にスタートするためには、いかに表情が大切かを何度も私に説いた。とくに、会った瞬間の笑顔は、大げさなほどにはっきりと笑うことが大事だと言った。

「人間は、どんなに成功しても自信があっても、初対面の人間には緊張する。これはもう本能だから仕方がない。君だけが緊張しているのではなく、必ず取材される相手も何がしかの緊張感がある。それを一瞬にして和らげることが、すごく重要だ。日本人は、笑っているつもりでも筋肉の動きが十分ではなく、薄笑いのような笑顔なんだよね。そうではなくて、アメリカ人になったつもりで、はっきり、大きく、チャーミングに笑顔を作れ」

私は、こう言っては何だけれど、笑顔にはちょっと自信があるのよ。父親から、器量が残念なところは笑顔で補えって言われて育ったから。

「うん、いいところまでいってるとは思うよ。でも鏡を持ってきてごらん。そこに向かって笑ってみてよ」

なんだか照れるなあ、と言いつつも、ちょっと自信のある私は鏡に向かってにっこり微笑んで見せた。どうよ、という気分である。するとダーリンは、パンパンと手を叩いて、遅い、と言った。

「それはね、パーティ会場での挨拶笑顔だよ。時間がこれからたっぷりあって、かといって重要な話をするわけではなく、時間を楽しむときの笑顔。奥さんたちがよく道ですれ違ったときにもするね。ダメ、ゆっくりしすぎ」

それから、ダーリンは何度か私にやらせたが、素人《しろうと》だね、と言った。俳優養成所じゃあるまいし。にっこりすれば十分通じるわよ。しかし、ダーリンは、何かにたとえられないかなあと天井をにらんで腕組みをしている。そしてこんなことを言い出した。

「あのさ、僕たち相撲が好きだよね。あれって、手を突いてにらんだ後、立ち上がって闘うじゃない。そのときにどちらかが顔をパチンとひっぱたくことがあるでしょ。あれにも技の名前があるのかな。なんか、あれに似てるんだよね。先制攻撃っていう感じ」

ああ、張り手っていうんだけど……。えええっ、張り手！　間髪容《い》れずに強烈に微笑むってこと？　素直な私はダーリンがぱっと鏡を向けた瞬間に秒速で思いっきり微笑むという練習を繰り返した。これこそ、笑顔の張り手、である。

そして肝心なことは、張り手をかました後に名刺交換したり、着席したりした瞬間、時間差でもう一度微笑むことだとダーリンは言った。最初の笑顔が大げさに見えても、その後また目を合わせてにっこりすると、好意は定着するというのだ。これで相手は必ず安心する、と。

「外国のＶＩＰが日本に来て要人と握手する瞬間を見ていてごらん。彼らは瞬時に先に笑いかけ、自分から先に手を差し出し、カメラに向かって並んだ後も横にいる日本の要人にとどめの笑顔を投げているから」

そんなことを意識してテレビ画面を見たことはなかったが、確かに、アメリカ人はトレーニングした秒速笑顔を感じさせるのだった。それは意欲的にも見えることを、私は実際に取材現場で経験しながら理解していった。

2 出会って最初の1分間は、相手に尊敬を伝える時間

「僕はこれが苦手だけど、習ったことだから君に教えておくよ」

ダーリンが苦笑いしながら話してくれたのが、この「出会って最初の1分間は、相手に尊敬を伝える時間」というコンセプトだ。ダーリンは、自分もこのトレーニングを受けたが、誰に対してもまず尊敬の気持ちを持つことが、どうしてもできないんだと言った。尊敬できる相手だと読み取ることができれば、すぐさま尊敬するさ、とうそぶいている。自分ができないことを人に教えるってどうなの？

「FBIの人間とビジネスの人間とでは、相容《あいい》れないことがあるさ。僕たちがこのトレーニングを受けたのは、調べてきた強い先入観で相手を見てしまって、誤捜査になるのをいましめるためだけど、僕なんか悪いやつなんて一瞬で判断がつくからさ」

よからぬ人間を星の数ほど相手にしてきたんだものね。

「まあね。でも人間関係を豊かにするには確実に役に立つ。覚えておいて損はない」

そう言いつつ、ダーリンは日本で暮らし始めてから、よからぬ人間ばかりに目がいく、と言っていた。尊敬という感情を、日本のみんなに対して持てないんだよね、とも。やさしく、礼儀正しい人はまだまだ多いし、それが日本に住む幸福の一つだけれども、やっぱりいろんなやつがいるんだなあ、とダーリンはため息をつくことがあった。とくに電車の中や繁華街で、腹の立つマナーの人間が多いと言い、アメリカ型の犯罪が遠からず日本でも当たり前になってしまうと心配していた。

ため息をつくなんて、どんなことが気になるの？

「一番気がかりなのは、大人の男性が、どうも自分のこと以外には関心がないってことだな。僕はね、仕事に熱心なことはとてもいいと思ってるよ。僕だって24時間仕事したいと思うほうだから。でも今の日本人男性って、仕事場の中だけで閉じている気がする。昨日さ、新橋で中年の女性がしゃがんでいたんだよ。具合が悪いのかと思って声をかけたけど、言葉が通じないし、外人だから向こうもびっくりしてね。これじゃまずいと思って、通りがかりのサラリーマンに、彼女は具合が悪そうだから救急車を呼んでほしい、と声かけたんだけど、知らんぷりなんだ。何人もだよ」

ダーリンが懸命に人を呼び止めている様子が目に浮かぶ。こういうことを絶対に見過ごしにできない人なのだ。結局、誰一人応じてくれないので、仕方なく彼女を抱え、近くの交番まで歩いてもらって巡査に頼んできたのだと言った。

「明らかに困っている人に手を貸さないって、危ない国だよ。犯罪って、無関心が引き金になって蔓延《まんえん》していく。それって、尊敬の交換をしないことにも原因があるんだ。せめて、君はビジネスの渦中にいる男性に会ったら、君から彼らに対して尊敬の態度を見せてほしいね。彼らにはまず人から尊敬されるという体験が必要だよ」

しかし、初対面の人に尊敬を伝えるって、どうするの？

「簡単さ。相手に言葉で示すんだ。あなたに会えてうれしい、あなたのことを一つでも知りたいと伝えることだ。日本人の恥ずかしがり気質では、いきなりほめ言葉は出ないだろうし、かえって不自然になってしまうから、何気なくその人についての質問をするといいよ」

ダーリンは、最初の1分間で一つか二つ、ごく簡単な質問でいいと言った。本題に入る前の1分間は、その人個人に集中するのだ、と。たとえば、

・きれいに日焼けしていらっしゃいますね。スポーツがお好きですか。
・ご著書のあとがきに奥さまの名がありました。ご家庭でよくお話をなさるのでしょうね。
・お持ちの手帳は、今評判のものですね。お忙しい時間管理などがしやすいのですか。

世間話ではない。その人しか答えられない質問を投げかけるのだと言った。そのためには、本人の何かに着目する目線が必要だ。細やかな関心を持たないと聞けない質問は、必ず、相手に、私はあなたを知りたいというメッセージとして届くとダーリンは言う。

「心地いいものなんだよね、自分のことを聞かれると。子どものときもそうだったけれど大人になってもそれは変わらない。世界中、同じだよ。そのことに大人の男性が気づいて、自分の部下や家族にできるようになると、社会も変わると思うんだけど。日本は無関心に向かって走っているのが気がかりだなあ」

3 軽くスピーディーなスキンシップはポイントが高い

スキンシップ問題。これは日本ではかなりハードルが高い。まず、握手する習慣がない。ビジネスの現場では、握手以外のスキンシップがありえるのだろうか。男性は、女性の肩を叩いただけでもセクハラと言われないか、不安で仕方がないはずだ。

私も、ほとんどやったことがなかった。でもだから有効なんだよ、とダーリンは言う。

「日本人同士がお辞儀だけで終わるのはよく知ってるよ。でも、握手というスキンシップの習慣をつけると、外国人とのビジネスは、本当にスムーズになるし、実は日本人同士でも気持ちが通じるんだけどね。女性は自分から手を差し出しても、マナーにのっとっているから、さっと出せばいい。相手の腕に軽く触れてもいいよ」

ふーん、と私は聞いている。外国人は向こうから間髪容れずに手を差し出してくれるからやりやすい。でも、自分からというのは、まだためらいがある。

「君が過去に会った人を思い出してごらん。上司でも友人でも、もちろん初対面でもいいんだけど、上手なスキンシップがあったから記憶に残っている人っていないの？」

数は多くないけどいるいる。取材でお目にかかった、年上の女性社長。取材の後で、あなたもがんばるのよ、と肩に手を置いてくださった。応援してもらえる実感が伝わってきてうれしかった。

広告のプレゼンテーションでチームを組んでいたクリエイティブ・ディレクターの男性も、よく背中を叩いて、まだまだ、もっといいアイディアは出るぞと声をかける人だった。かつて勤めていた会社では、手のひらをぽんと叩いていく男性上司もいたっけ。そういえば案外たくさん思い出せるのだ。それも気持ちよく。

「彼ら、スキンシップで記憶が残っている人の共通点は何だと思う？」

そうね、まずフランクだってこと。仕事仲間でも、初めて会った人でも、気さくでオープンマインドだった。それに仕事のできる人ばかり。明るくて、自信を持っている人たちだった。

あっ、そうか。私はダーリンから、そういうビジネス人を目指せ、とずっと教えられてきたんだったね。気持ちのいいスキンシップって、それほど効果的なものなのか。

「そうなんだよ。ところで日本男性は、男同士で肩を叩き合ってるのはよく見るけど女性に対してはやらないよね。あれは、僕から見たら、異性として意識しすぎるせいだと思うよ。同じ仕事仲間として、よくやった、とか、がんばれ、と肩を叩いたのなら、女性は絶対にセクハラで訴えたりしない。それどころか、仕事仲間として認められるうれしさを感じると思う。要は、男性がその女性の力量や努力を認めていて肩を叩くなら、そのスキンシップは誤解されることはない。セクハラ大国といわれるアメリカでだって、よくやった、と軽くスキンシップして訴えられるなんてことはほとんどない。女性に別のたくらみがある場合を除いてはね」

そして、ダーリンは、ビジネスのスキンシップのコツはスピードだと言った。瞬時に、すばやく、短く、さっと触る、軽く叩く。握手は、早く手を差し出し、深く強く握り、ぐっと力を込めて相手の手を確認して離す。ためらいなくやること。

もう一度整理して。私のように女性が男性にする場合はどうするの？

「おんなじさ。軽く肩に触れる、上腕に触れる、背中に触れる。握手はにこやかに自分から、だ。女性だって、長く触れていたりすると誤解される。スキンシップも含めて、人間の五感って、すごく強烈だからね。まだまだビジネスに役立てる方法があるはずだと思う。見た目が大事だって、僕がしつこく言うのもそういうことなんだ。香りだって五感を刺激する重要な要素だ。取材前に手のひらにオードトワレをスプレーしておいて、握手した後少し相手に香りが残ったりするのもいいかもしれない。仕事人らしい香りを選んでおくことだよね」

ダーリンは、さらに付け加えた。

「ＦＢＩの仕事で犯罪者を捕まえると、すごく自分と距離が近い。強い怒りはあるんだけど、体が触れるほど近いと、思わずそんなやつの背中を軽く叩いていることがあるんだ。やっぱり心のどこかで、しっかりしろよ、と思ってるのかもしれないな」

4　目が合った瞬間、0・5秒でハローを言え

笑顔にしてもスキンシップにしても、人間関係においては、早く機嫌のよさを見せるが勝ち。これがダーリンの「コミュニケーションのスピードの法則」。まして挨拶はなおさら、当然である、とダーリンは言った。

ビジネスでは目が合った瞬間、0・5秒でハローと言え、たとえまだ少し距離があったとしても。そしてその距離は笑顔でつめていくのだ。ここで笑顔がはっきりしていなければいけないんだと言う。薄ら笑い（のように見える）顔で近づいてくるのはあまり気持ちのいいものではないからね、と。仕事での挨拶は早いほうが、できる印象を持たれるとダーリンは念を押した。

もう一つ、知っている人にだけ挨拶するな、とも言った。エレベーターで、ビルの入り口で、隣り合ったりすれ違ったりしたら、見知らぬ人でも笑顔を向けよ。挨拶は、トレーニングで磨かれるから、というのだ。

確かにダーリンは、街を歩いていて向こうから来る外国人に「ハイ！」と言う。向こうもにこっと笑って応える。知っている人ではないらしい。あんまりよくやるので、知り合いでもないのになぜかと聞いたら、

「邪心がないことを伝えとかないとね。昔からの危機管理の知恵だ。アメリカ人はどこにいても挨拶する。異国の街で会うと、親しみからも声をかけたくなってしまう。目が合ったら、体が至近距離になったら、挨拶か笑顔を投げる。もし万が一、見知らぬ相手の体や持ち物に触ってしまったら、秒速で謝る。そうやって、僕たちは子どもの頃からしつけられてきたんだ。だから僕は日本で何が苦手って、電車の中で降りるときに、後ろから黙って押されることくらい嫌いなことはない。逮捕してやろうかと思うよ」

逮捕なんてできないくせに。でも最近は、日本人に対してはエレベーターの中でも挨拶しなくなったじゃない。びっくりされていたから？

「最初は挨拶していたさ。やさしく笑っていたつもりだけど、誰一人、挨拶を返してこないから不安になってやめた。日本人に対してはなれなれしすぎて失礼なのかなと思って。日本

の人は知り合いになると、過剰にフレンドリーになったりするけど、知らない人にはまったく冷たいから、すごく孤独感を感じることがあるよ。不安になる」

こわもてで、物事に動じないように見えていたダーリンが、孤独や不安を感じていたことにそのときまで気づかなかった。私も相当に鈍い。日本人ばかりがいる中に入っていくとき、それが電車でも、映画館でも、デパートの中でも、ふと怖いのだと言った。視線が集まるのに、この人は日本社会には関係ないと疎外されている感覚、マナー違反をしていないかという不安。ダーリンはアメリカで空手を20年近く習い、先生から、日本人の礼儀正しさを教え込まれてきた。だから、ほかの外国人より不安感が強いのかもしれなかった。

「礼に始まり、礼に終わる国と教えられてきたんだ。いくらアメリカ人や外国人とはいえ、私の弟子が礼を失したとなったら、私は日本人社会から笑われる、と先生は厳しく話してくれた。だから、僕は自分の振る舞いが礼を欠き、日本人は顔には出さないけど不機嫌なのではないかと思ってしまうんだよね。こっちの外国人の仲間は笑うけどさ。なまじ、日本の美学を叩き込まれてきたからすごく戸惑うんだ。僕が習ったことはもう時代遅れになってるのかな」

ダーリンが好きな日本映画は、時代劇、任俠《にんきょう》、そして小津安二郎だ。かつて、仕事で何度も来日していた頃も、着ているものや振る舞いはもちろん映画とは違うけれど、現代でも心の深いところでは礼を重んじる日本人、と信じていたそうである。そしてその思いは、定住することになった今も変わらず、期待がいつもあると。私も、そういう美学が過去のものになり通用しなくなったとは思いたくなかった。

ダーリンに連れられて、外国人たちが集まる小さなパーティに行ったときに、私は彼らに質問した。日本人は、礼儀を知らない国民に見えるかと。

「一枚岩ではないよね。見ず知らずのときは礼儀も何もない、知らんぷりって感じだ。でも少し親しくなると非常によくしてくれる。まるで自分が、日本における僕の保証人みたいに世話してくれたりするよ」

もう一人が続ける。

「でも、それを通り越して仕事になると、またそっけなくなるんだ。僕は来日した頃、ある日本人と知り合って、年中自宅に呼んでもらうほど親しくなったけど、優秀な男性だったからビジネスのパートナーにならないかと言ったら、なしのつぶてになっちゃった。YESでも、NOでもいいいんだよ。ただ返事はしようってことだよね」

キャッチボールしよう、受け答えをしようということなのだ。それは挨拶でも同じなんだ。笑いかけられたら笑い返す。「ハイ！」と言われたら「こんにちは」と言う。誘われたことについては、いやならいやと受け答えをしてほしい、無視するなと。

親しくしている相手からの仕事のオファーを断るとき、時代劇の侍ならなんて言うの？とダーリンが聞いてきた。

う〜んと、

「その件はお断り申す。私にも立場がござる。しかし、そこもととの楽しき交わりは、これまで通りにお願いしたいものだ、かな」

それを聞いてみんな目を輝かせ、何度も何度も真似をして暗唱するのだった。かわいいな。

5 家族の話をアピールして相手の信頼を勝ち取れ

「家族くらい、その人間の核心を雄弁に語るものはないからね。それをビジネスにも応用しなくてはならない」

アメリカ人はオフィスの机の上に必ずと言っていいほど家族の写真を飾っている。それは自分を励ましたり癒《いや》したりするためではない。自分は家族を大切にし、愛している人間だから、信用しても大丈夫ですというアピールだ。たとえ離婚話が進行していて、明日別れるかもしれないとしても、机の上の写真はそのときまで死守しておくものだ、とダーリンは言うのだ。

「もちろん写真は、にこやかに、美しく、愛らしく、裕福に見えるように撮らなければならない。ね、僕たちも撮っておこうよ」

そうくると思ったが、私たちに人を呼ぶようなオフィスはないし、私は夫の写真を忍ばせておいて、仕事先の人に見せるなんてできない。

「日本ではまだ定着していない習慣だから、そんなことをすると相手はどう反応していいか戸惑うだけだと思うの。ビジネスではかえって逆効果だと思うな」

私が困ったようにやんわり断ると、ダーリンは急に顔を曇らせて寂しそうな表情になった。しまった。そこまで否定するのは気の毒だったかもしれない。仕事先にダーリンがついてくるわけではないし、ここは一つ、奮発して写真館でダーリンの写真を撮り、私もにこやかに、やさしい妻顔の写真を撮るかなあ。しかし、毎日、「今日は見せたかい」って確認されるのも気が重い。

二人の思いが行き違って少し気まずい空気が流れた。だが、そんなことでめげるダーリンではない。すぐ自分の土俵に話がすっ飛んでいくのであった。

「じゃあ、日本にふさわしい家族のアピール法を考えようよ。親しさを増したり、信頼を勝ち取ったりするためにはどうしたって必要だと僕は思うんだよね。だってね、アメリカでは、犯罪者でも、独身か家族持ちかで裁判の結果が違ってきたりするんだ。殺人を犯したとするだろ。でも、妻や子どもがいる人間ならよほど精神的に追い詰められた要因があると考えられる。少なくとも、アメリカ人が最も嫌う猟奇殺人や愉快犯ではないと判断されることが多いんだよね。家族の存在を知ってもらうのは大切なんだよ」

殺人ですか。もう少し一般的にお願い。

「うーん、たとえば日本人は仕事のミーティングに入る前とか、終わったときとかに雑談をするだろ。アメリカでは仕事相手にプライベートなことを聞いてはいけないという暗黙のルールがあるけど、自分から話すのは歓迎される。日本人だって、幸せな家族の一員であることを伝えるのは決してマイナスじゃないはずだ」

私にもそれは実感として分かる。かつて大手コンピューター会社の社長に取材をした折に、雇用や若い人の育成が難しい課題だという話になった。彼は若い人の流動的な働き方や、すぐに正社員を辞めていく風潮に厳しい意見を持っている人だった。せめて5年辛抱ができないのか。歯を食いしばってでも5年腰を据えなければ、社会人としての初歩段階には到達しない、と眼光鋭く力説した。そして、緊迫した空気で取材が終わろうとしたとき、社長はこう言ったのである。

「でもね、先日、初孫が生まれたんですよ。その顔を見ていたら、この子には辛抱ということを経験させたくないなあ、などと思ってしまいましてね。社員だって、楽しく教育してやらねばいかんと思い始めているところです」

この最後の一言で、私の印象は変わった。張り詰めたような文章を書くことになるだろうと取材中ずっと思っていたのだが、ふっと別の色が射してきた。厳しい論調を柱にしつつ、柔軟な人柄について書き添えたいと思ったのだ。確かにビジネスの中で家族の話が功を奏したといえる。

で、ダーリンの提案を受け入れてみようと思い始めたのだが、さて、私なら何を話せばいいんだろう。外国人と結婚しているけれど、名刺は日本人名のままだ。女性のほうが家族の話をするのは難しいなあ。ダーリンは「家族との休日の過ごし方とか話したら」と言うんである。ううむ、アメリカ人女性はどんなことを話題にするの？　あなたの妹はどう？　と畳みかけると、

「夫が子どものベビーシッターをしてくれるから、自分はジムに行ける。だから体型を維持できるのよ、とか言ってるよ」

アホか。私がそんなこと言ったら、末代まで笑われる。悩みぬいて私が実行することにしたのは、流れの中でさりげなく娘の行事の話などを差しはさむことだった。

「昨日の雨はひどかったね」という話が出れば、「娘の運動会の途中で降ってきたので、あわてました。私の日焼け止めが落ちちゃって」とかね。

ダーリンの奇行も結構話題にして、ウケを狙った。少なくともそんな人と暮らしていけるんだという信頼は勝ち取ったと思うのだ。

6 相手への最初の質問で、自分を効果的に印象づけろ

ある日本人の女性ニュースキャスターが言っていた。「体がシャープでなければ、私の言葉

自体がシャープに聞こえない」。だから彼女はジムに通い贅肉《ぜいにく》をそぎ落とし、いつもピシッと美しいニューヨークスタイルのスーツを着て番組に登場する。インタビューなどが行なわれる様子を見ていると、テレビカメラが回っていることを考慮しても、相手の財界人や文化人は背筋を伸ばして彼女の質問に耳を傾けている。

「このキャスターに対して、受け手はいい顔をするよね。僕には日本語の質問はよく分からないけど、受け手が油断していない様子は見ていて分かる」

そう言ってからダーリンはチャンネルをいくつか切り替えて、「なんだか他の局の女性キャスターってさ、ホームパーティに行くみたいな格好していない？　ゆるめのワンピースに長いネックレス。リビングでテレビ見ている僕たちをリラックスさせようとしてるの？この場合、言っていることは信憑性《しんぴょうせい》があるの？」

え〜っと、お天気お姉さんとごちゃ混ぜになってるんじゃない？　報道局っぽい現場からニュースを伝えている人は、きりりとスーツを着てるでしょ。それより、アメリカのキーネットの女性キャスターは、なぜあんなに髪が長くてメークアップが濃いの？

私は逆質問、はぐらかしの術を使うことにした。ダーリンだけでなく、どうもアメリカ人は質問されると体を張ってそれに答えようとする。そういう教育を受けたのか。家庭でもそうしつけているように感じる。今まで考えたこともなかった質問に対してだって、何か意見というか、屁理屈《へりくつ》というか、一言言っておかずには気がすまない体になっているのだ。ダーリンの頭の中ではタービンが回り始めたのが見ていて分かる。

「あれはね、負けん気で優等生の美人のゴールスタイルなんだ。学生時代から猛烈に勉強している。もちろん今も論陣を張って相手を言い負かすくらいの情報収集をしている。あの滑舌《かつぜつ》のよさ、言葉と言葉の間に一切隙のないリズム。あんなふうになるには、毎日寝るひまもないと思う。でも美しさに決してゆるみは見せない、妥協はしない。どんなに大変な状況になっても自分はボロボロにはならないってことをアピールしているわけさ。その鉄のような精神を見て、視聴者は彼女を信じるんだよね」

なんだかありきたりな答えで、高いお点は差し上げられない。それに彼女たちってインタビューしているのに、相手に対してなんとなく高みから聞いているように見える。日本人キャスターには、専門家や経済人に対してお話を伺うという姿勢があるけど、アメリカのキャスターって、質問していながら「そんなことは私も知ってるけどね」という態度に見えない？　このあたりまで話していて雲行きがまた怪しくなってきた。
　私たちは結婚した当初から、国の政治や文化の違いで家庭を険悪にしないという約束をしてきた。私たち個人のことは一生懸命話し合うけれど、国の違いについてそれを背負って話をするのはやめようね、だってどうにもできないから、と。このときダーリンも気配を察して、それ以上無理に説明するのをやめた。こうやって片づけないテーマを累々と積み上げていくことで、私たちの平和は保たれる。

「ともかくね、僕が君に言いたいのは、インタビューや仕事で会う相手は、君の印象と最初のいくつかの質問にチューニングしてくるということだ。君のような小柄な中年女性は子どもを安心させることは得意技だが、ビジネス人を本気にさせるとは言いがたい。キャスターのようになれないのは分かるけど、それでもできるだけ仕込みをいつもきちんとして、自分が思い描いたマップに必要な材料を拾ってこなければならない。仕込みというのはフィッシングで言うところの網のようなものだよね。相手の言葉をたくさん拾えるかどうかは、下調べで作っていく網目の細かさによるというのは分かるだろ。網目の細かさは、質問によって相手に見えるんだからね」

ダーリンはそう言っていくらでもプレッシャーをかけるのであった。でも、印象というものの中に「質問」が含まれるというのはちょっと新しい発見だった。それから自分でマップを作ってから向かえ、というアドバイスものちのちまで私の仕事を支えてくれた。

実際に私は手書きの大雑把なマップを色分けして作るようになる。その人の体験、仕事の戦略、戦略にたどり着くまでの試行錯誤のプロセス、時代との絡み、家族とのこと、仲間との確執、心に抱いた傷、本当のところ何を拠りどころにしてきたのか、そしてその人が目指してやまない人生の核とは何か。聞きたいことを色分けして臨むと、相手と話しながら、その言葉に対してマップにつけた黄色とか赤とか、色を感じるようになっていった。

あがりやすい私は、話の途中で混乱することがよくあったのだが、マップを意識するようになってから、赤の部分は十分に聞けた、まだ足りない青部分を追加しようというようなコントロールがきくようになっていった。

7　成長のための投資は、自分に7割、子どもに3割

ダーリンは、稼いだお金を自分に投資することに熱心だ。日本に来てからも都合をつけて大学院に通ったり、短期間だけれどアメリカに帰って危機管理の新しい知識を学ぶことなどにお金を惜しまなかった。

でも、家計的にはこれが痛い。正直に言えば、ダーリンが「そうだ、あの勉強をしよう！」と言い出した場合、ほとんどウン十万円単位で費用が要る。往復の旅費、大学やセミナー組織に支払う学費、滞在費、ついでにどっさり買い込んでくる書籍、資料代。日本の企業に勤めているビジネスマンが、会社の経費で研修を受けられるのはすごく恵まれている、と私はよだれが出そうだった。

しかもダーリンは、私の自己投資にも積極的だ。おそらく、個人の自己投資に大枚をはたくのが、アメリカのお国柄なのだろう。上昇志向が強い彼らは、少しでも生活に余裕があるなら、スキルアップに投資したいと思っているようだ。ダーリンの妹も銀行員として勤めて

いたが、会計監査や為替の勉強にはよく出かけていた。

「ミエ、最近ビジネス・セミナーに行ってるかい?」「人間ドックに最後に行ったのはいつだった?」

娘がまだ幼かった頃、小学校に上がる直前くらいまで、仕事と育児で目いっぱいだった私は、時間があれば家にいたかった。娘にできるだけ寂しい思いをさせたくないという不安も手伝って夕方は飛んで帰り、週末は家でどっしりと腰を据えていることが多かった。もちろんダーリンがそれを黙って見ているはずがない。

「後悔しないようにするためには、やらなくてはと思っていることを実行するんだよ。面倒くさくても、行きたくなくてもね。ああ、自分は出遅れたとか、人より劣ったとか自覚すると余計に気持ちが萎《な》えて引いてしまうようになる。コンプレックスは雪ダルマのようにあっという間に大きくなるって知ってるだろ。僕の警察の上司はよくこう言ってた。人は錆《さ》びた心で犯罪を犯す。もっと早いうちに錆《さび》の落とし方や研ぎ方を誰かが教えていれば、犯罪という最悪の表現を使わなくてもすんだ人間はたくさんいるはずだ、って」

仕事をしていく上で、ここが弱くなっている、あるいは気後れがするというような些細な変化に最も早く気づくのは自分だ。それを見て見ぬふりできるのも自分しかいない。ほころびが大きくなって周囲に分かるようになったら、相当に苦しいことになる。

数年前、広告のコピーに「軽くやばい」というワンフレーズがあった。スレンダーで美しく、若い母親でもある歌手が、自分の腕やわき腹の脂肪をつまんでつぶやくという映像だった。ああ、分かる分かる、うまいなあと拍手を送った記憶がある。自分のスキルの衰えを自覚するのは、あの「軽くやばい」感覚に近い。でも、自分でぼんやり自覚し始めたときに傍《はた》から言われるのは、本当に腹が立つ。

子どものときによく親に叱《しか》られるとむくれて言ったものだ。「今やろうと思ったのに！」

私もダーリンにそう言い続け、しぶしぶ腰を上げることがたくさんあった。娘の磁力は本当に強くて、いくら一緒にいても飽きることがない。世の中の働く母たちは、この強い磁力とも葛藤《かっとう》しているだろうなあ。だが、ダーリンは断言する。

「自分に投資しなければ、子どもにも投資できない。投資は自分に7割、子どもに3割だ。自分への投資は必ず子どもにも反映するよ。そう信じて動け」

その頃の私の悩みは、読むべき本や資料の多さに、読みがついていけないことだった。つまり、速読をやってみようかどうしようかと迷っている時期だったのである。取材したい人を探すために多くの本を読み、取材対象者が決まったらさらにその人の著作を読み込む。私の仕事部屋にはいつも数十冊の積み上げた本があって、常に私を脅迫するのだ。ぼちぼち片づけてもらいましょうか、と。

結局私はダーリンの愛のムチに従って、2泊3日の速読セミナーに参加することにした。娘をベビーシッターさん宅にお泊りでお願いし、早朝から都心のホテルへ向かう。

セミナーはやっぱり気分を高めてくれた。

柔軟体操をしたり、指回しをしたり、目を大きく速く動かすトレーニングをしたり。最初はフィジカル面が中心だった。参加者は若い人が8割。数時間後に、今度は集中力を高めるためにと、講師が提示する「木のある風景」といった言葉をイメージして簡単な絵を描く。参加者の描く絵は最初はバラバラだが、次第に、お互いに見ないで描いているのにそっくりになっていったりして不思議だ。やがて文字を大きくページごとに捉えるトレーニングをずっと続けた。何度か間をおいて、文字数の判読量を測定しグラフが上昇してくることを確認したりしていった。

面白い体験で、いくぶん速く読めるようになった気はしたが、そのスピードを継続することはできなかった。最後は我流で、目的を持って読む速読み方法をひねり出して間に合わせるようになっていく。

3日後に帰宅すると、ダーリンはにんまりこう言った。

「気分転換になったみたいだね、表情が違って見える。がんばろうっていう人の中に自分を放り込むと、やる気をもらえるだろ。また、いいセミナーを探して行っておいでよ」

私と離れていた3日間で、娘は逆上がりができるようになっていた。

8　不得意なことを無理して引き受けるな

ダーリンと結婚して数年後、私は手がけていた化粧品の広告で、ある賞をもらった。

それを機に広告代理店からいくつかのオファーが舞い込むようになったが、同業種は1社のみと自分で決めていたので、同じ化粧品業界の仕事はできない。広告の仕事をしていると、どうしてもクライアントの企業戦略を知ってしまうことになる。企業が必死であることが分かっているから、二股《ふたまた》はかけられない。だから化粧品分野はすべて断ってしまった。

1カ月もするとどの代理店も化粧品の広告をやりませんかとは言わなくなった。ところが、私が結婚していて子どもがいることを知り、家庭用品やベビー・子ども分野の広告を一緒にやりませんかと声をかけてくれるようになった。

そうか、こういうジャンルも体験があれば広がっていくのだとうれしかった。しかし声をかけていただくことはありがたいと思う反面、まったく制作しようという気持ちが動かない自分に驚いた。娘はかわいいし、忙しい時間をやりくりする家事もゲームのようで面白い。広告代理店の知人から家事や子育てについてのアンケートやモニターを求められたりすると、謝礼なんか要らないわよと言いながら嬉々としてどっさり書き込み、なんて的確なコメントなの、などと自分で得意になって送っていた。

でも、仕事となるとまったく別物だと初めて分かった。打診を受けたのは、たとえばベビーフードや、外資系ファッション会社のベビー服、有名ブランドの食器、オムツなどである。どれも自分で見て歩くのは嫌いじゃないし、楽しいのに、広告に参加するのは気が進まないってどういうことなんだろう。母性の欠如、なんて言葉が浮かぶ。

仕事ばっかりの私は、どこかやさしさがすり減っているのかもしれないとジクジク思い悩んでしまった。そんな私にダーリンは、なあんだ、とこともなげにこう言った。

「得手不得手でしょ。個性でしょ。何でも書けるってうぬぼれてたの？　僕は麻薬犯を捕まえるのは得意だけど、痴情のもつれのような犯人を追い詰めるのは苦手だったよ。なんか、こう、恋愛の気持ちの細かいところまで読み取れないんだよね」

分かる気がする。あなたサムライだもんね。

「でも、かつての同僚のサムは、本当に恋愛沙汰《ざた》の事件を解明するのがうまかった。事件のあった現場に残っていたマニキュアのボトル一つから、いろんな状況を3パターンくらい推測するんだぜ。僕には、ただそこで被害女性がマニキュアを塗っていたとしか思いつかない」

なんだなんだ、話はまたすっ飛んでるけど。

「サムは、女性がマニキュアを塗っていたという以外にこう考えるんだ。たとえば、何か書こうとしていたのではないか。すぐに乾いて落ちないという特性で、ダイイングメッセージを残すために手にしたのでは、って言うんだよ。あるいはまた、ほかの男とデートする予定があったのではないか、それがマニキュアを塗るという行為によって犯人に分かってしまったのかもしれないとかね」

あなたに痴情のもつれ捜査が解明できないのは分かった。サムは偉い。だから、つまり、私がベビー関連の広告を手がけたくないのは、ただ、個性の問題だというのね。合わないことはやめておけということね。

「うん、こう言うと君が傷つくかもしれないんだけど、僕が見る限り母親としてのマインド・ボルテージが低いと思う。もちろん娘は絶対だよね。だけど育児以外の仕事の魅力も知っている、というか惹《ひ》かれているだろ。母親になったら仕事も含めて、子ども分野にすべての関心が向くはずだというのは幻想だよ。子どもを愛して精一杯育てるのは当たり前だけど、それとキャリアの分野を無理に重ね合わせたら、子どもが成長したときに何も手がけるものがなくなる。個性を見ろ。状況の罠《わな》に落ちるな」

純正日本人の私は、とくに母親幻想が強いんだなあ、とダーリンの言葉で気づいた。

私に子ども関連の仕事を持ち込んできた広告代理店の男性たちも、引き受けるべきなんだろうなと揺れ動いた私も、母親なんだから当然という思い込みにとらわれている。私生活では子どもを愛し大切にするけれど、仕事は自分の別の顔だ。ありがとうダーリン、そう言って、お話をくださったみなさんに断るわ。

「妻であり、母であるなんて大雑把なくくり方を自分に許すな。もっと、やりたいこと、得意なこと、放っておいても関心が向きお金や時間を使ってきたことがあるだろ。化粧品の効能表現をノート何冊にも書いているのは、君の興味だ。以前から日本の文学書の中から、美しい肌の表現を拾い続けているって言ってたね。ニッチでいいじゃないか。そこを攻めていけばいいよ」

9 贈りものに頼らなくても心は伝えられる

「やっぱり、この花屋のBillおかしくないか？　君、何かの依存症みたいだよ」

ダーリンが請求書を見ながら、よく分からないといった顔で首をかしげている。

月末に花屋さんから15万円もの請求書が届く、という身のほど知らずな時期が1年くらい私にはあった。フリーランスでたいして稼いでいるわけでもないのに、取材でお目にかかった俳優さんが映画の主演に決まったと聞いてはちょっと豪華な花を事務所に贈り、やはり取材して意気投合した演出家が舞台をやると知っては気張って劇場にスタンド花を贈り、クライアントの女性の誕生日には、机の上においても邪魔にならず枯れたらそのまま捨てられるアレンジメントを考えて贈っていた。

バブルな時代の影響もあったと思う。華やかなことがしてみたかった。

それから何か黒々とした不安もあった。私は中堅といわれる年齢になっていて、広告業界や文章で食べていく世界には若い人たちが次々と名乗りを上げてくる。みんないきいきと元気で、明るさを放ち、時代の言葉や空気を豊かに抱えているように見える。

大きなプロジェクトで一緒に仕事をする場合もあって、会議室での長い打ち合わせが終われば、彼ら彼女らは、クライアントの担当者と街へ繰り出していき、私は家族の夕食の時間に追われて家路を急ぐ。

「あ、お帰りなんですね。お家のほうも大変ですね」と手を振られると、明日は自分の居場所がなくなるかもしれないという焦りが突き上げてきて、帰りの電車で気持ちが悪くなったりした。その不安が花を贈るという行為になったのだと思う。

ダーリンは、多額の花請求書が届き始めてから半年くらいは、黙って私の様子を見ていた。誰にどのくらいの花を贈ったかはきちんとダーリンに説明していた。これから縁が続くとは思えない俳優さんや演出家にまで花を贈ったりしていたのは、今振り返れば浅はかだった。それほどに当時の私は、家庭があり子どもがいる自分が、時代の先端の感覚から置き去りにされていくことを恐れていたのだろう。

「どう考えてもギャラの20％近くを花代にするのはやりすぎでしょ。これは何の意味もない投資だと僕には思える。きちんと自分で理由を説明できないことはやめたほうがいいと思う」

分かっているけど、なんだかやめられないの。私はなぜこんなにビクビクしているのかしら。日本では、子どもがいる女性クリエーターは、もう錆びついてしまった存在だと企業も担当者も考える気がする。思い込みかもしれないが、手堅い仕事は任せられても、アイディアやコンセプトをどんどん出そうというブレーンストーミングには呼ばれなくなりそうな気がする。でも、私は本当にそこが肝で最もやりたいことなのに。

ダーリンの目が、かわいそうにという色を帯びた。

「君の前にそういう女性がいないんだね。家庭を持ち、子どもをもうけ、クリエーターとして何の支障もなく仕事をしている人を知らないんだろ。日本にもそういう女性はいるはずだけれど、出会う機会がなかったんだから仕方ないね。それなら一緒に考えようよ」

持っている能力はそんなに簡単に磨耗しない、というのがダーリンの大前提だった。

結婚しようが、育児に追われようが、トレンドは見えるはずだし、時代が何を求めているかについて鼻はきくはずだ。それは情報の近くに今いるかどうか、という物理的な能力ではなく、世の中の動向から何を見出し、どのようにそれを流れとして摑むかの能力でしょ、と言うのだった。う～む、犯罪に関わる公務員なのに、なぜそんなビジネスのことまで分かるのさ、と毒づいてみた。

「あのね、そんなこと仕事している社会人ならだいたい想像がつくよ。日本人のほうが変だと思うなあ。自分の仕事を決めてしまったら、常識的なことさえ判断しようとしない。テリトリーがあると縛られて、思考停止するんだよね。知の縄張り意識だ」

そして、ダーリンは宣言した。

「花代も含めてまず交際費を半分の7万円で収めてごらんよ。みんなにいい顔はできないからね。それどころか先方にとって大きな花は負担になっているかもしれないんだぜ。そう考えて花の代わりにカードはどう？　電話や電報はどうなんだろう。大切なのはハッピー・サプライズを届けることだと思うよ。置いてきぼりになりそうな自分の気持ちを救うためでもいいさ。そんなに大金を注ぎ込まずに、心を伝える手立てを考えろ」

つきものが、また落ちた。全部花を贈ってフォローするなんてできるわけがなかったんだ。

カードでいいよね。そう思い立ってカードを贈ると、思った以上に先方は喜んでくれるのだ。ダーリンはやさしくこう言った。

「君の言葉は、花より力があったんだよね」

やさしいじゃん、ダーリン。私はちょっと泣きそうだった。

10「生涯最低年収」を決めて、自分の力をテストせよ

「生涯・最低・年収を今、決める。つまり、君がメインとする仕事でコンスタントに稼ぎ続けられる年収金額を心して決めたほうがいいよ」

ある日ダーリンはそう言い出した。生涯賃金とは違う、年収である。それをダーリンから聞いたときには、夢があるのか、堅実なのか、どっちだと正直めんくらった。現在の稼ぎよ

りずっと高く設定して、そこに届くように努力するということなのか。それなら可能かどうかは別にして目標設定として理解できる。
あるいは逆に、「最低」年収を意識して生涯の計画を立てよということか。年金がほとんどもらえないフリーランスとしては、身につまされる現実ではある。

「どっちも少し違うんだ。生涯最低年収と僕が考えるのは、自分の基本の仕事でこれ以下になったらプロとして自分のこの役割は終わりだな、と気づくための年収だ。君は今、複数のレギュラーを持っているね。ここ数年はその年収がほぼ変わらないから、その金額を最低年収としてもいいし、自分が崩壊しない範囲で高く設定してトライアルを増やしてもいいと思う。現在の君なら、新しい仕事は取れるだろう。そしてそれを継続する努力をする。年収という物差しが重要だと僕が思うのは、何らかの理由で力が落ちているのに、それを認めないでしがみつくのを避けるためだ。つまり仕事のステージが変わりつつあることを自分で見極めるための数字だ。だからずっと下がらないなら、それでいい」

自分で自分に引導を渡す日を知るのか。
確かに人から言われるのはつらいだろうとは思う。でも、別に最低年収を決めなくたって仕事が減ってきたり、断られたりすればいやでも分かると思うけどな。

「ふーん、それを景気や家事のせいだと言い訳しない自信ある？　離れていった仕事は相性が悪かったと思い込んだりしない？　一年間という長さで変化を見ようと提案するのは、原因がその場の事情によるものではなく、もっと本質的なものだと知るためだ。企業とおんなじさ。君の場合はそう告げてくれる人がいないからそれを自分に言い聞かせるためだよ。私は力が落ちてきている、さてどうするか、と自覚する機会を作るんだ」

憎らしいなあ。ちょっと待った。たとえば年齢などによって減ってきた本業を補って、他から別の仕事をいただき、総合収入自体が減少しなければいいんじゃないの。生活を考えたら自然にそうしていく気がするけど。

「メインの仕事、ベースとなる仕事が先細ってきたときに、きっと君は別の収入源を模索するよね。若い人に取材や文章のノウハウを教えることだってお金にできるかもしれない。生き馬の目を抜くような企業の文章を書くのではなく、自治体や非営利団体の仕事を請けるようになるかもしれない。君の仕事は、社会のどこかで必要とされるアウトソーシングの分野ではあるからね。でもさ、収入のパッチワークを工夫するっていうのは、主力商品の売り上げが落ちたってことだろ。企業が細かく多角化を始めたら、僕はそこの経営状態を疑うね」

アメリカ人てみんなこうなのかなあ。ダーリンは警察畑のはずなのに、その一方でビジネスやらキャリアやらをいつも考えている。仲間が数人集まると、経済や投資の話を延々と続けている。そして誰かが起業のアイディアを持ち出しては、飽きずに検証をするのだ。自分の持っている素材がどの程度で、どうやって最大限に活かせるかと。

「僕のことで言えば、アメリカでのFBI現役を退いて収入は半分になった。君と生きていくために日本に来たことはまったく後悔していないよ。誤解しないでね。ただ大使館経由で僕が今やっている情報収集や危機管理指導は、自分の人生のコアの仕事ではないよ。収入金額がはっきり僕のリタイアを告げている。じゃあ、このまま今までの仕事の余禄で食べていくのか。あるいは、新たにでも、求められる自分のメインを立ち上げるのか。僕だって自分のこれからの人生を考えてるんだよ」

そうか。ダーリンは自分の能力全開の仕事を生涯やりたいのよね。そのほうが人生は面白いと私にも言いたいんだわ。自分の仕事がパワーをなくして失速していると気づいたとき、ゆっくり弧を描いて落ちていくより、また新しいエンジンを積みなおして吹かせというんだ。細かいパーツをつなぎ合わせて量を稼ぐのではなく、メインの仕事のクオリティに対してお金を払ってもらえる状態をキープしろってことだよね。

ダーリンは私に活を入れながら、自分自身にも言い聞かせていたに違いないのだ。

PART-5

日本の安全はボクが守る

独身最後の英国旅行で「重要参考人」にされる

ロックミュージック好きだった私は、80年代に大人気だった女装の麗人ボーイ・ジョージを擁す英国のバンド「カルチャー・クラブ」にはまり、妹を巻き込んで来日コンサートはほとんど聴きに行っていた。

ダーリンと結婚することはほぼ決めていたけれど、まだ両親にも妹にも紹介していなかったし、住まいも決まっていなかった。ダーリンはＦＢＩ現役をセミリタイアするためにさまざまな準備が必要で、３カ月に一度くらいの割合で日本とアメリカを行き来している時期だった。

「カルチャー・クラブ」は今思い出しても素晴らしいバンドだったと思う。ボーカルのボーイ・ジョージが女装するせいで奇抜なアイドルバンドのように位置づけられていたけれど、そのサウンドのルーツには、英国人が好むブラックミュージックの香りがしていた。レゲエやノーザン・ソウル、モータウンなどのスピリッツが充満し、メロディラインが美しくソウルフルで、また、ボーイ・ジョージのよく伸びる野太い声が、私を惹きつけてやまなかった。

そのうち私と妹は、来日コンサートを待っていないで、英国に行って地元のコンサートツアーを追いかけようと相談を始めたのである。妹も音楽のライブが大好きなノリのいい人間で、これは現在も変わらない。しかしどう考えても、カントリーミュージックとクラシックが好きなダーリンは、今後も一緒に行くはずはないよなあと思えた。私にとっては最後の自由なチャンスだ。舞い上がってテンションはいやがうえにも上がる。行くぞという決心は簡単に固まった。

しかし当時は、現在のようにインターネットで現地ツアー情報を調べる方法もない。私たちは、ファンクラブや日本のレコード会社にしつこく電話して英国でのツアー日程をあぶり出し、現地のプロモーター事務所にチケットを予約して、ロンドン市内、エジンバラ市内での数回のコンサートチケットを確保したのだった。

飛行機は当時最も安かったアエロフロートにし、宿は現地に到着してからB&B（ベッドと朝食だけの簡易宿泊ホテル）を探す貧乏ツアーを計画した。

そこまで準備しておきながら、私はダーリンに英国行きを伝えなかった。ダーリンは女性二人のフリーな海外旅行を心配するに違いないし、現地での連絡先も行ったところ勝負になるので詳細を伝えることができないからだ。

ダーリンが前回来日したのは3週間前だ。次の来日までにはゆうに2カ月ある。この間に個人的なお楽しみはすませてしまおう。今までもダーリンはアメリカにいる3カ月間、忙しさと時差の関係もあって、滅多に連絡をしてこなかった。その間のほんの10日から2週間くらい私と連絡が取れなくても何ということもないだろうと判断した。だって妹と行く旅行だしね。

旅は本当に楽しかった。毎晩宿を探し、ロンドンのプロモーターの事務所を必死で見つけてチケットを買いに行った。観光スポットとはまったく関係のない場所にあるコンサート会場もやっと探しあて「カルチャー・クラブ」のステージに狂喜乱舞した。だってボーイ・ジョージがウェディングドレスを着たのだから。

妹と私は10代の子どものようにギャアギャア喜んだ。そして髪の毛をピンク色に染めて、鋲《びょう》を打った革ジャンを着ている若い男の子でも、会場で肩がぶつかると「パードン」と微笑むマナーのよさに仰天した。英国内の移動はローカル列車を乗り継ぎ、地方都市のコンサートもすべて見届けた。

そして、10日後に妹は仕事があるからと予定通り英国を後にしたが、私はもう少しロンドンにとどまってこの都市の空気を吸ってみたくなっていた。コンサートを追うのに忙しくて、名物のドーバーソウル、ローストビーフやプディングもきちんと食べていない。

ギガギガにパンク・ファッションなのに、眼差《まなざ》しから振る舞いまでお行儀のいいロンドンの若者と、なぜそうなのか話してみたいという野望も抑えきれない。同じ日本の10代とは明らかに違う君たち。なぜ人に対してそんなに礼儀正しいのか知りたかった。私は街のカフェで彼らに話しかけ、打ち解けて紹介してくれるその友人たちともたくさんのおしゃべりをした。

そんなふうにして過ごしていたら、5日間くらいは一瞬だ。さすがに仕事に差し支える。帰らなきゃ、とアエロフロートに翌日発のフライト予約を入れた。その晩は最後のロンドン、ライブ・パブで楽しんで空港近くのホテルに宿泊。アエロフロートに予約電話をかけてから約25時間後。ノロノロとヒースロー空港に到着した。重たいスーツケースを引きずって出発ロビーにたどり着くと、後ろから「荷物をお持ちしましょうか？」と男性の声がかかる。

やっぱり紳士の国ねえ、といい気分だったけれどキャスターがついてるし、時間も押しているのでさっさと移動したいと思って、「いいえ、結構です。でもありがとう」と声のほうに振りかえって私は凍りついた。な、なんとダーリンだったのである。

「ハロー。楽しい2週間のバカンスでしたか？」

お、怒ってるのか？　言葉遣いが丁寧なので、真意がよく分からない。目は怒っていないように見えたけど読めない。悪いことをしていたわけではないが、黙ってロックバンドを追って渡英したことに関しては少し申し訳ない気持ちがあったから、私はおどおどしてしまった。それにしても、誰にも伝えていないのになぜダーリンはここにいるわけ？

「10日くらい前に東京に電話したんだよ。連絡が取れないし、もしかしたらと思って航空会社の名前リストを検索したら英国に行ったことは分かった。往復チケットを買っていたようだったから、日本への帰国便予約が入ったら連絡をくれと航空会社に頼んでおいて迎えに来たんだ。フォー　ユア　セイフティさ」

なぜ、個人の予約状況を航空会社はやすやすと教えるの？　少し腹立たしくなってそう言うと、「僕たちは国際犯罪を追うことができるからね」とダーリンはおかしそうに笑った。まさか、私を犯罪者として手配したの？　興奮して声が裏返った。そしてダーリンはこう言うのだった。

「ううん、違うよ。犯罪者じゃなくて重要参考人だから、安心して」

彼は元X国大使だ！　一度見た顔は忘れない

「今日、踊り場ですれ違った紳士は見たことがあるな」

娘が小学校3年生のときに、私たち一家は以前の家から歩いていけるほどの距離のマンションに越した。築年数は相当古いのだが、何より頑丈で広く天井が高い。今まで鴨居《かもい》にうっかり頭を打ちつけてしまうことがあったダーリンは、本当に喜んでのびのびしている様子が伝わってくる。そして引っ越してから1週間たった頃、片づけで出入りが多いある日にダーリンは階下のご主人と出くわしたのだった。

私のほうは先に引越し当日の挨拶に出向いていた。一つの階段を挟んで左右に1戸ずつ住まいがあるつくりのマンションで、同じフロアにはお隣が1軒だけ。階下には2軒のお宅があり、真下の方は出版社にお勤めだと挨拶された。

その向かい側からは70歳ぐらいの上品な外国人の奥さんが姿を見せ、やさしいイントネーションの日本語で「よろしくね」とこぼれるような笑顔を見せてくれた。私が持っていったシクラメンの鉢をたいそう喜び、「大切に育ててるわ」と温かい言葉をかけてくださった。ご夫婦二人で暮らしているらしい。私はこのご婦人がいっぺんで好きになり、仲よくしていくことができそうだと気持ちが弾む思いだった。

その矢先の、「見たことがある」発言だ。なんだかザワッと胸が騒ぐ。だいたいダーリンは人を見たら泥棒か犯罪者と思え、というのが習い性である。ショッピングに出かけた渋谷の街中で、道路に座っている若者にいきなりマナーを注意しちゃったりするやつである。

やっと希望に近い物件を見つけて移り住んだマンションで、階下の人と気まずいことが起きたらどうしようかと気がもめてきた。私は、階下の奥さんがいかに感じのいい外国人であるか、マナーがよくて上品でやさしい女性であるかを力説し、ご主人も優れた仕事をしている人に違いないと畳みかけた。

「君、何を心配してるの？　ただ見たことがあると言っただけで、怪しいなんて一言も言ってないじゃないか。あの人は日本政府の仕事をしているんだと思う。ずいぶん前に顔を見た記憶があるんだよね」

ああ、よかったなあ。ダーリンと結婚して、こういった近くでお付き合いをすることになる方とのすりあわせに一番神経を遣った。ダーリンは正義の人ゆえに、正しいと信じたことで横車を押しちゃうのである。だから、やわらかな日本人社会の中に、私がダーリンという地雷を持ち込んでいる感覚があった。

でも、プロファイリングをうるさく言うだけあって人を見る目は確かだ。この人は間違いないと判断したら尊敬して接するし、何より年配の人には無条件でやさしい態度を見せる。大丈夫だ。私は確信した。

それからまもなくのある朝、ダーリンが私を呼び、窓の外を見ろと黙って指差している。こんなに朝早く何、とのぞいてみると真下に黒塗りの大型車が止まり、黒スーツに白い手袋の運転手さんがドアを開けて待っているところだった。あかん、ダーリンの顔は好奇心と探究心で輝いている。

「ほら、あれは政府の要人を迎えに来る車だよ」

なぜ、そんなことが分かるの。大型のお迎えハイヤーじゃないの？

「いや違う匂いがする。だいたい、あの運転手の目配りを見てごらんよ。ただ一般客を迎えに来た運転手のゆるい動きとは違うだろ」

そうかなあ、よく分かんないけどとダーリンと二人でぼそぼそしゃべっていたら、くだんの運転手さんがシュッと私たちの窓に向かって顔を上げた。軽く会釈をしているが目は鋭い気がする。こちらもあわてて会釈を返し、とにかく二人で窓から乗り出していた体を引っ込めたとほぼ同時に、車に滑り込んだのは階下のご主人だったのである。その瞬間にダーリンは、思い出した！ と声を上げた。

「彼はX国駐在の大使だった。親米派のかの国の元首が主催した記念式典に、アメリカ政府の要人が参加したとき、僕はアメリカからついていったよ、思い出した。日本人は彼が大使として参列していたんだ。一度見た顔は忘れないから、間違いないと思う」

そう言い放つとダーリンはパソコンにすっ飛んでいって、X国駐在の大使名を各国年代ごとにリストアップし始めた。そしてほどなく、あの時期なら日本の大使は＊＊＊＊氏だとフルネームを言った。ああ、その名はまさしく、階下のお宅の表札名だった。私たちはやはり興奮してしまった。奇遇だよね、なぜ、こんな東京の多摩川べりで二人が出会うんだろう！

そして私は、「ねえ、ねえ、きっと先方もびっくりするよ。今晩挨拶に行って話してみたら」と水を向けた。

しかし、ダーリンはたった今上気させていた顔をきゅっと引き締めて言った。

「彼も、僕も、互いのかつての仕事を名乗りあったりはしないよ。今はどちらもリタイアしているけど、やっぱり知らんふりするべきなんだ。なぜだと言われてもね。国の仕事に関わっていた人間はそういう教育を受けてるんだよ」

なんだか残念だなあ。しかも、ダーリンはその後、さりげなくマンションの公共設備やごみ置き場などの安全に気を配るようになっていった。階下のご主人の安全をおもんぱかったのだと私には分かる。名乗りもせず、影のように心を砕いていたのだ。先方にとってはなんだか怪しい外国人に見えていただろうけれど、相手に気づかせることなくずっとＶＩＰを守るかつての仕事をしていたのだ。そう思うと、ちょっと切ない。

風船が割れた！　煙が出た！ダーリンの心は休まらない

　ダーリンがピストルを使う仕事をしていた、それも長い期間、というのは頭で分かっていても、私にはもちろん実感がない。何人もの同僚が自分のすぐ隣で撃たれて命を落とした話は聞いた。苦しそうに顔をゆがめ、搾り出すように話すので悲しさは伝わってくる。

　しかし、私はダーリンにできればそのときの話をしないでほしいと頼んだ。せめて女房には聞いてほしかったのかもしれないと思う。しかし私には銃社会への理解がないし、市民まで銃を携帯できることへの嫌悪感がひどく強い。

　ダーリンは現役を退いても、年に2回くらいは渡米のたびに、ロサンゼルスで射撃の訓練をしていた。ＦＢＩが訓練で使う射撃場は相当に大きなもので、何十人もが並んで練習ができ、さらに明るさの調節までできるそうだ。朝方から夕刻、夜まで、あるいは逆光など状況によって目を慣らすような訓練もしているのだと言っていた。

　また、規模は小さくても街中から車で30分も走ると民間の銃練習場もかなりの数がある。

多くの住人が一度は習いに行くというが、実は日本人観光客も結構来ていると聞いたことがある。

が、ともかく銃の話は嫌だという私の態度は、はっきりしていたし、ダーリンも一切口にしなくなった。日本に住まいを構えて5年ほどすると、銃の練習に帰国することもなくなり娘を囲んで穏やかな毎日が続いていた。リタイアを心から喜んで、危険のない生活をゆったりと楽しんでいる気持ちが私にも伝わってきていた。

そんなある日、家中を揺るがすような事件が起きた。「パアンッ！」と大きな音がリビングルームに響いたのである。パソコンの前にいたダーリンが椅子を倒して立ち上がり、形相を変えてリビングに走ってくる。目を吊り上げて空手の構えをしていた。今までに見たこともないような恐ろしい顔だった。

リビングルームでは娘が風船で遊んでいたのだ。直径30センチくらいの大きなサイズの風船を膨らませて渡すと大喜びで、バレーボールの真似をしたり、テーブルの下に突っ込んでキュウキュウと鳥肌が立つような音をさせて楽しんでいた。ダーリンも娘が風船で遊んでいることは知っていたと思う。

5歳になっていた彼女は動きも活発で、私たち親は見ていなかったがフワフワする風船の上に体重を預けて、ポヨンポヨンと弾力を楽しんでいたに違いない。さんざん圧をかけて風船はゴムが弱くなり、何度目かに娘の体重をもろに受けて割れたのだ。本人はびっくりして呆然《ぼうぜん》としていたが、飛んできたパパの顔を見てその恐ろしさに初めて声を上げて泣いた。

「なんてことをしてるんだ！」とダーリンは叫んだ。

「ふ、風船が割れちゃったの、ごめんなさい」泣きじゃくる娘のそばに寄っていってダーリンはまだ怖い顔のまま、硬い声で話しかけ始めた。顔は真っ青だった。

「ごめん、君のほうがびっくりしたよね。怪我《けが》はしなかったか？　でもパパはピストルの音かと思って飛び上がってしまったんだよ。心臓が止まるかと思った。本当に怖かった。パパのお友だちが打たれて死んじゃったことがあってね、そのことでずっと怖がってるのかもしれない。頼むから、もう風船遊びはやめてくれる？」

娘は震えながらうなずいている。ダーリンのお願いはまだ続いた。

「それからさ、手をパンッパンッって大きな音で叩くのもやめてくれる？　どうも、心臓がどきどきしちゃうんだよ」

子どもだからうっかり忘れることがあるだろうと、その約束を強制するダーリンを見ていて私は気をもんだ。しかし、ダーリンの顔を見ている娘は、これは本気だなと感じ取っているようだった。トラウマ、なんて言葉は知らなくても、パパの恐怖は分かる。その事件以来、がさつな私も鍋《なべ》を取り落としたりしないように気をつけるようになった。どんな大きな音もご法度《はっと》がうちの新しいルールになった。

その何カ月か後、今度は台所の換気扇を回しながら秋刀魚《さんま》を焼いていたときに、わが家の火災報知機がけたたましく鳴った。ダーリンは簡易型の貼りつけタイプの火災報知機をアメリカからいくつも買ってきて、すべての部屋の天井に貼りつけており、秋刀魚の煙に怒り狂ったような反応をしたのだった。

もちろんダーリンはすっ飛んできた。携帯用のスプレー消火器を持って。とっさに嫌な予感がするが、ダーリンの動きのほうが早かった。脂が乗っておいしそうな秋刀魚は、白い泡だらけになってぶちゅぶちゅとくすぶった。くうぅぅ。

長いお菜箸《さいばし》を持って秋刀魚を火からおろそうとしていた私は、背伸びしてそのお菜箸で、大きな音を立て続ける火災報知機をつつきながら、「これを止めるのが先でしょ」とわめいていた。ダーリンはいとも簡単に手を伸ばしてスイッチをオフにし、「やっぱり感度がいいから役に立つね」とにんまりしている。

その日のおかずが1品ダメになったことにもがっくりきたけれど、これからもう焼き魚はダメか、と考えたら無性に腹が立ち始めた。だいたい、アメリカとは調理事情が違うじゃないの。電子レンジやオーブン、電気コンロを使うなら、そりゃあ煙が出るほどのことになったら大変だけど、日本では魚はこうやって盛大に焼くものなのよ。

「それで分かったよ。前に秋葉原の電気店に行って簡単に使える火災報知機を探し続けたけど、売ってなかったのはそういうわけだね。でも、わが家はもう大丈夫だよ」

え、じゃ、魚焼くときはどうしろっていうの？

「焼く前に君が椅子に乗って、火災報知機のスイッチをオフにして回り、焼き終わったらまたオンにしていけばいいんじゃない。簡単なことさ。安全のためだもの」

こうしてまた私の任務は増えていくのであった。

この話には後日談がある。マンションにはすでに火災報知機が備えつけられていて、火災発生時に緊急アラームが鳴り、消防署へのダイレクト通報が行なわれるシステムだった。そして住民には速やかに緊急事態が伝えられ、避難準備することになっている。しかし、マンションの管理人室あてに住人から「火災報知機が鳴り響いたのに、緊急連絡が来ない」と連絡が入り調査が行なわれた。そして鳴り響いたのは、わが家の自前火災報知機であることが発覚した。

「困るんですよねえ、勝手にアラーム鳴らされちゃうと。取りはずすわけにはいかないというのならまあ、妥協案としてですね、ご自宅内で分かる程度の音量にしていただけませんか？」

ごもっとも。私はダーリンのいない隙に、わが家の火災報知機の音量調節レバーをいじった。5カ所も。ちびな私はそれだけで肩がこる。そしてもちろん、鳴るようなへまな生活はするまいと心に誓ったのだった。

国際線飛行機、2時間当然待たせ事件

日本で情報収集をしながら作った危機管理のリポートを、年に数回アメリカでの会議に持ち込むため、ダーリンは集中的に仕事が立て込む時期があった。会議の日程は決まっているから飛行機も当然予約をすませている。いつも出発するまでは私も緊張して過ごすのだが、そのときはとくにピリピリした空気があった。ダーリンが待っている資料がメールでまだ届かない。どうやら今日のフライト時間ぎりぎりになりそうだというのだ。

17：00発、ロサンゼルス行き。国際線だから15：00に成田に着く必要がある。そのためには移動に2時間見て世田谷の自宅を13：00には出なくてはならない。

巨大なスーツケースは昨日のうちに宅配便に集荷してもらってすでに成田に着いている。大きなブリーフケースはデスクの上でパックリふたを開けていて、そこに到着したメール資料をプリントアウトして入れるだけ。なぜかダーリンは、危機管理上まずいと言ってノート型パソコンを持ち歩かなかったので、メール到着を待っていたのである。当時はまだパソコンに対する信頼感はそんな感じだった。

シャワーを浴び、クラッカーにチーズやハムを載せてパソコンをにらみながらの慌ただしいランチをすませ、身支度も整った。が、時刻は12：30、やおら電話を取ってダーリンは航空会社に連絡を入れる。


「17：00発に乗るジム・＊＊＊です。カウンターに着くのが15：30くらいになるかもしれない。2時間前には到着できないけれど必ず行くので」


航空会社はOK、と快諾したそうである。ダーリンはいつも同じ航空会社を使うので顧客名簿を見れば定期的な利用客だと分かるからだろう。ここで1時間確保したのだった。

しかしメール資料は来ない。ダーリンは何度も催促の電話をしているが、私にはどこへかけているかもちろん見当もつかない。ただ、丁寧な話し方なのだが語気がだんだん強くなってきている。着替えたばかりのシャツの背中が汗ばんで、じっとりと肌に付着している。いきなり洗面所に行ってオーデコロンを吹きつけたり、口中清涼スプレーをシュッシュッと吹きつけたり。吹きつけてばかりだが、見ているこっちも胃が痛くなってくる。

ダーリンが出発してからゆっくり食べようと密かに用意していた味噌ラーメンは、まだしばらくお預けか。自分で3時間も煮込んで鶏がらスープを取り、チャーシューだって固まり肉をタコ糸で縛ってしっかり煮込んである。あとは半熟の味玉とコーン。長ネギは水にさらしてたっぷり用意したし、待ち遠しいな。待ち遠しすぎる。ダーリンは熱々ラーメンが食べられない。外人にポピュラーな猫舌の人だから、ダーリンがいない日々の私のお楽しみなのだった。

そして私は味噌ラーメンもさることながら、自分の午後の原稿入稿時間も気がかりになってきていた。ダーリンが海外に発《た》つときは、私も出発までほとんど一緒にいて、送り出したらそれっと一気に集中して仕事にかかるのだ。

13：30になった。すぐに出ても航空会社に約束した15：30にぎりぎりだ。でもここで私はぐっと黙る。そんなことは本人が百も承知だから放っておかなくてはならない。

そしてついにメールが入ってきた。

「オオ　マイ　ガー！」とがっくりした声が聞こえてくる。電話のやり取りを聞くと資料の一部が抜けているらしい。ジリジリと待って、やっと20枚くらいをプリントアウトしホッチキスで止める音が聞こえてきた。急げ、ダーリン。心で叫ぶ。今からじゃ1時間の遅刻だよ。

しかしそこからがまだ長い。確認作業というやつだ。ブリーフケースにしまってあるほかの書類を出して机にずらりと並べ、そこに一部ずつ新しい書類を差し込み、最初から読み通し始めた。移動中の電車でやれば、私なんかいつもそうしてるよ、と思ってもぐっと呑み込む。この期《ご》に及んで流れを断ち切ってはまずいのだ。ダーリンと長年暮らしてきた私の勘がそう言っている。なぜそうする必要があるのかなんて、一から説明が始まったらえらいことになるわ、と。

今からだったら、電車乗り換えがスムーズに行っても到着は16：30近い。しかしダーリンは切符を買ったりするのが遅い。乗り換えが何回かあるので、乗車料金を確かめるのに駅の窓口で聞いたりしなくてはならず、時間がかかるのだ。

だが、ついにダーリンは立ち上がり、持ち物の指差し確認をして玄関に立った。そして私を軽く抱きしめながらこう言った。

「君はこれから航空会社に電話して、僕はすでに出ているがカウンターへの到着が離陸1時間前の16：00になりそうだと言ってくれ」

えっ、うそじゃん。どう考えても飛び立つ直前にしか成田に着かないわ。

「飛び立つ前に着けば十分さ。すばやく乗り込む要領は分かっているから大丈夫だよ。重要な政府の仕事だとカウンターで説明するから、心配しないで」

そんなのないよ、と言ってはみたが、ダーリンは、頼んだよ、と出て行った。

気分は鉛のように重いけど航空会社に電話する。意外や、ああそうですか、という返事で拍子抜けした。日本人は律儀すぎるのか？　ただ電話番号だけは確認された。まだ日本での携帯を持っていなかったから、ダーリンの途中の様子はもう分からない。

16：15、まだ来ないと航空会社から電話が入る。もう着くはずだと謝る。

16：35、どうなっているんですかと緊迫感のある電話が来る。あれ、変ですね、どうしたのかしら、ととぼける。しんどい。

それっきり航空会社からもダーリンからも電話はなかった。17：30過ぎに航空会社のインフォメーションに問い合わせると、10分遅れで出発しているという。おお、乗ったの。心底ほっとする。ラーメンどころではなく、原稿を必死で入れてその長い日は暮れた。

翌日ダーリンから電話が入った。私は少し怒っていたがダーリンは意に介さずだ。

「ちょうどフライト10分前に着いたんだよ。手続きしている間に客席の扉は閉めてしまうからって、僕はコックピットに乗ったよ。でも外見てると気分が悪くなるし、狭くていやだし、すぐに自分の席に案内してもらったから心配ないよ」

世界にはとんでもない外人がいるのである。

夜の繁華街を自主パトロール。不良外人に間違われる

麻薬捜査官だったダーリンは、いつも買い物先の渋谷で見かける若い人のことが気になっているようだった。夕方7時8時になって若い人が帰らないどころか、逆に10代の人数が増えてくる。そして定職に就かない様子の20代の若い男性が異常に多く街を流している、と。

「麻薬の売人と、それに振り回されている若い人がはっきり見える街だね。新宿はもっと大掛かりな組織とやくざの匂いがするが、渋谷は明らかに青少年がターゲットだ。ほかの大人や、地元の店の人も気づいているはずなのに何もしないんだろうか」

現在では50代、60代の男性がボランティアで見回るようになったと聞いている。店への路上勧誘や宣伝物の配布も制限を受けているようだ。けれど以前は大人が積極的に声をかけたりしているところには遭遇しなかった。ダーリンは、難しい顔をして道行く若い人をしばらく眺めていてこう言い始めた。

「月に2、3回、夜の渋谷を見回りに来てみようかな。君には悪いけど、誰かが動かないとなんだか怖いほど、ここの10代に麻薬が行き渡ってしまいそうな気がする」

やっぱりそうきたか。止めないわ。やりたいようにやってみたらいいと思う。

そしてダーリンは翌週の土曜日、Tシャツにジーンズで出かけていった。基本的には、薬を売ろうとしているような若い男性に声をかけて、牽制《けんせい》してみると言って。だが3時間ほどして帰ってきた。どうもうまくいかなかったようで、浮かない表情だ。

「不良外人に間違われちゃったよ。そんなに見た目のガラが悪いかなあ。あのね、若い男が小さなカードのようなものを女子高校生に配ってたんだ。薬の包みとかじゃないよ、もちろんそんなやばいことはしない。でも彼らはたまり場を持っていて、それが安い衣料を売ってるブティックや喫茶店風にカモフラージュされてる。カードにはそういう店の案内があって、ダイエット・サプリメントもあるとか書いてあるはずだ」

で、ダーリンはその若い男に、何を配ってるのかと英語で詰め寄った。正義の気持ちでね。しかし彼は、「あんたに売るものは何一つないよ、薬も、女の子もね」と言ったそうだ。頭にカッと血が上ったであろうことは想像がつく。アメリカでならたぶん、ダーリンのような大人が街ではっきり声をかければ、若い人は何か忠告されると感じてそれなりに耳を傾ける姿勢を見せただろう。しかし日本の若者は彼を相手にしなかった。ダーリンが外国人だったからか、それとも日本人の大人に対してもそうなのか。

「別に犯行現場を突き止めなくてもいいんだ。誰かの目があるということで抑止力は働くものだからね。大人が目を光らせているぞと分からせようと思ったんだけど」

想像するに服装があまりにカジュアルで、ただの旅行者に見えたのかもしれないね。英語で話しかければ、最初は道を聞かれると思うでしょ。それで何を持っているかと聞けば、当然、ダーリン本人が遊びたがっていると思われるよね。時間が時間だし。

ダーリンはいろいろ考えて、服装をもう一度考えてみようと言った。

「そうだ。僕がガーディアン・エンジェルスに入ればいいんだ。日本の支部を探してみようよ。それならもっといい結果が出る」

ダーリンは顔を輝かせたが、私はガーディアン・エンジェルスを知らなかった。調べてみたが日本にはまだ存在していなかったのだ。後に取材で日本代表に会うことができたけれど、設立は1996年とまだずっと後のことだった。なので私は、それ何するところなのとキョトンとしながら聞いた。

「ニューヨークがひどく荒れて危険だったときにさ、犯罪防止や救命活動、街をきれいにする活動をしようと立ち上がった民間のグループだよ。自分たちのコミュニティを自分たちの手で守り、安全な街にしようとずっと活動している。今では多くの都市や国が実践してるよ。見て見ぬふりをしないがモットーなんだ」

すごくいいな、と感じ入ったけれど、まだないものは仕方がない。

ダーリン、「一人ガーディアン・エンジェルス」をやるしかないかな。その人たちは決まった服があるの？

「ああ、赤いゆったりしたベレー帽に、ガーディアン・エンジェルスって書いてある白のTシャツ着てる。下はカーキ色のパンツかな」

似合わないだろうな、と私は思った。ベレー帽が難関だ。ダーリンもちょっとユニフォーム案に乗りかけて、やっぱりやめておくよ、と力なく笑った。

「そんな格好で一人で渋谷にいたら、何に見える？　もしも友だちや仕事仲間に会ったら一生何か言われそうな気がする。やっぱり普通の格好でやるからね」

それからダーリンは3カ月くらい、まじめに渋谷に通い、誰にも声をかけず、しかしにらみをきかせ続けたのだった。

元教官の前で、借りてきた猫になる

あるとき、私の新聞取材の仕事で、ダーリンのかつての指導者だった人と会うことになった。彼の本が日本で出版されることが直接のきっかけだ。本のタイトルは『ＦＢＩ心理分析官――異常殺人者たちの素顔に迫る衝撃の手記』（原題：WHOEVER FIGHTS MONSTERS、早川書房）。著者はロバート・Ｋ・レスラー氏。

彼はＦＢＩで働く人々の憧れであり、また厳しい教官でもあったそうだ。ミシガン州立大学で犯罪学を学び、同大学院で警察管理運営学の修士を取得している。１９７０年にＦＢＩ地方局の特別捜査官、74年からはＦＢＩナショナルアカデミーでプロファイラーとして20年近く活躍した。トマス・ハリスのベストセラー小説『羊たちの沈黙』は、プロファイラーの卵をフィクションとして描いたもので、その原型はロバート・レスラーの実績に基づいていると作者が明かしている。

アメリカでこの『WHOEVER FIGHTS MONSTERS』が出版されて読んだときに、ダーリンは相当に戸惑っていた。こんな残酷な実情を書いた本が世に出ていいのかと不安を抱いたようだ。

しかし、アメリカで起きたのと同様の事件が何年かのときを経て日本で起きるようになっていた。とくに性犯罪に関しては、複数の女性へのレイプ、ストーカーがらみの殺人が目立つ。日本でもそういう事件が対岸の火事ではなくなりつつあったからこそ、日本語版が出されたのだろう。

その本の数ページにわたる口絵には、どれも無残な死体写真が載っていて、日本ではあまり目にすることのない、猟奇的なモノクロの世界が展開されていた。銃で打ち抜かれた体には黒い血がこびりついている。レイプされた女性が縛り上げられて裸で息絶えている写真もあった。吐き気がこみ上げてくる。そして、死刑囚や犯罪者の顔写真も載っている。ドロンと焦点の合わない濁った目で、カメラを向いているその顔は、無気力なのに狂気が宿っていてやはり気味が悪かった。

本文ではその犯罪の背景や顚末《てんまつ》とともに、殺人者の子どもの頃からの過酷な生い立ちや、精神の病などについて克明な解説がなされていた。人は寂しさからも殺人者になる、と著者は語っている。これは日本の未来にもなるのだろうか。私はそれを確かめたかった。

私は直接出版社と連絡を取り、ダーリンは古巣のＦＢＩ経由でロバート・レスラー氏とメールで連絡を取った。新聞の取材に応じてほしいこと、その際に自分も同席してお目にかかりたいことなどを伝えたようだ。氏は快諾し、とても楽しみにしているという返事をくれた。出版社との交渉もうまくいき、私たちはそろって会いに行くことになった。

ダーリン自身はＦＢＩの現場仕事をリタイアしてから10年以上がたっていた。この頃は、大使館の内勤も終え、日本のある航空会社で、テロなどに備える危機管理のコンサルティングとトレーニングの仕事をしていた。会ってどんな話をしようかと気をもむので、取材時間中は軽い近況報告程度にしておいてと念を押した。取材はきっちり1時間。私には聞きたいことが山ほどあったからだ。

ダーリンは一番気合が入ったときに着るダークスーツを身につけ、かなり緊張して取材場所に同行した。ホテルの一室のドアを開けると、出版社の人が数人、こちらから手配した通訳、そしてロバート・レスラー氏本人がいた。

レスラー氏はまっすぐダーリンに歩み寄り、間髪容れず握手をして肩を叩き、満面の笑みを見せた。ダーリンが私に指南してくれた通りの振る舞いだ。これでダーリンはちょっと気《け》おされたように見える。本当は自分から先に行きたかったのだと思うが、出版社の人と私がまず挨拶を始めたので、私の背後で少しためらって出遅れた。

ロバート氏は矢継ぎ早に、ダーリンに質問を浴びせた。

「君はいつ頃、僕のクラスにいたの？」

「特化していたのは何？　麻薬、それとも殺人？」

「いつリタイアしたの？　日本で仕事はあるのか？」

私は、簡潔に答えてよ、という思いで見ていた。すると、あれ？　なんかダーリンの背中が丸くなってる。いつもの威風堂々ＦＢＩ立ちじゃない。それでも、数分でレスラー氏とダーリンの話は終了し、すぐに私は割って入って取材をスタートさせた。

日本人が、日本は安全だと信じる思いは強く、それがかえって危機管理を真剣に考えない要因になっているのではないか、とまず私は聞いた。これは、ダーリンと日頃よく話していることだった。レスラー氏は、それでも日本は今でも世界最高レベルで安全な国だが、と前置きしながら語る。

「アメリカ人だって自分たちの国をそう思っていたんですよ。礼節を重んじる、安全な国だと。だが、犯罪モンスターは現れる。それはなぜか、それはどんな環境からか。私はそれを突き詰めていきたかった」

ほかにも多くの質問をし、興味深い返答をもらった。だが取材時間中ずっと、私はダーリンが緊張しきっていることに違和感を覚えていた。レスラー氏はリラックスして取材に応じているが、少し離れたところにいるダーリンは違う。

取材は無事に終了し、ダーリンはレスラー氏にお礼を言いながら、また日本での活動について報告すると約束して部屋を辞した。廊下に出てホテルのロビーに降りてから、やっとダーリンは深呼吸し、少し元気を取り戻した。

「なかなか分かってもらえないと思うけど、警察組織では上下関係がものすごく厳密なんだ。権威主義とかいうより、捜査でミスを犯さないためのルールだから徹底的にたたきこまれる。仕事を離れてもそれが抜けないから、緊張しちゃうんだよね。それに、すべての案件に人の命がかかっている厳しさって、民間のビジネスしている人には分からないだろうね。僕らは、彼にそのことを叩き込まれた。今日彼の顔を見たら、リタイアして日本で暮らしている自分が甘く見えてしまって、落ち込んだよ」

それからしばらく、ダーリンは自分に何ができるのか、考えにふけることが多くなったのだった。あの日から15年、日本にもモンスターが現れている。こうなるまで何もできなかったことを悔やんで、ダーリンは今もつらそうだ。

イクラは、死体の皮下脂肪にそっくりで食えない

「日本の食べ物で何が好きですか？　お箸を使えますか？　納豆や梅干は食べられますか？」

ダーリンは来日から数年、会う人ごとにこう聞かれ続け、辟易しながらも角を立てないようにとぐっと我慢して自分なりに愛想よく答えるように努力していた。ダーリンは納豆、梅干は食べられない。けれど焼き魚や刺身は好物だし、お惣菜《そうざい》や煮物、揚げ物、鍋など、およそ日本の家庭の食卓に並ぶものはそれほど問題なく食べる。箸使いは実にきれいだ。アメリカで学生時代から空手の先生宅に出入りしていたので、箸の使い方だけでなく、日本の食卓でのマナーもなんとなく心得ていた。

それでもダーリンは、日本人ばかりの集まりとか、お祭りとか、大勢が集まる中で食事をすることがあまり好きではなかった。あちらこちらから気を遣われるのが苦痛だったようである。最初のうちは誘われたら参加していたが、だんだん足が遠のくようになって、君だけ

行っておいでよ、と言うようになった。

お酒をあまり飲まないダーリンは、宴席で男性陣からお酒をすすめられるのが大の苦手だった。飲めないから、と断っても「まあまあまあ、そんな大きな体してるんだから飲んだら飲めるよ」と酒やビールを注がれ、その大きな体を丸くしてよく途方にくれていた。私が見かねて間に入ると、「あらら、奥さんにコントロールされてますね」などと声が飛び、ドッと笑いが起きる。酒の肴《さかな》として笑われている自分がいやだと、宴席の後でむすっとしていたりした。

もちろん、そんな席ばかりではなく、ダーリンときちんと話をしてくれる日本の友人もいて、FBIでの体験談やビジネスの話をしているときは本当に楽しそうだ。だがだんだん、ダーリンが会って食事をしたい人々の数は限られていくようになった。

そんな数少ない親しい友人の一人が、新鮮な海産物を食べさせる店があるから行こうよ、と誘ってくれたときのことである。

築地の近くにあるその店はこぢんまりした料理屋で、入り口に盛り塩と打ち水、麻の大きな暖簾《のれん》に紺文字の店名もきりりとすがすがしい。いかにもおいしそうな風情だ。中に入ると堂々とした白木のカウンター席と、三つのテーブル席。いらっしゃいませ！　と澄んだ声をかけてくれるご主人の濁りない肌つや。当ったり〜、と嬉しくなった。こういう店は間違いないぞ。

私たち3人は並んでカウンター席に着き、グラス1杯ずつのビールで乾杯して吟醸酒へ。「川海老《えび》の芝煮」とか「鯛の平造り」がまず出てきてダーリンもおいしいを連発する。それから「蟹《かに》ときゅうりの黄身酢」「あいなめの唐揚げ」などを頼んで、3人ともすっかり楽しくなってしまった。珍しくダーリンの杯も進む。友人は流暢《りゅうちょう》な英語を話し、私は間に入って気をもむ必要もなく、ゆっくりおいしさを堪能していた。

そして次の一皿が出てきたとき、ダーリンは固まった。それは友人や私だけでなく、板場の中にいる人にも伝わるほど、ビクッとした固まり方だった。まずは店のご主人が反応した。「何か行き届かないことがありましたか」と緊張して聞いてくる。ダーリンは力なく首を振った。

「ううん、そうじゃないんです。この素材は苦手なので手をつけませんが、許してくださいね」

その一皿は、「蒸した白身魚の冷製　イクラとウニ添え」だった。ダーリンが最も苦手とする海の幸が、二つ顔をそろえて登場したのだ。かねてからダーリンは、どうしても事件現場での怪我人や死人を連想して食べられないものがあると私に言っていた。気分が悪くなるから食卓にも並べないでほしいと。

「一つはイクラなんだ。皮膚がざっくり切れたときの死体の皮下脂肪にそっくりだ。二つ目はウニ。頭が割れた直後の脳みそは豆腐に似てるんだけど、死後しばらくして発見されるとオレンジがかった茶褐色になって、ウニみたいに見える。そして三つ目は中華料理の豚肉をブロックで煮てある料理。あれは、事故にあったりして死亡してから時間が経過した人の損傷部分にそっくりなんだよなあ」

ダーリンは過酷な現場にいたのだなと改めて思う。恐ろしい体験を封じ込めて生きているんだ。しかし、料理屋さんで凍りついた真の理由をその場で言うわけにはいかないし、友人に目配せしてダーリンの分を「もうけたなあ〜」と言いながら分け合って食べた。その後は順調においしいおいしいとすべて平らげ、なごやかに引き上げた。

そして友人はお茶しようよ、と言う。目の端に好奇心が浮かんでいる。どうやらダーリンの固まり方が尋常ではなかったので、面白い話が聞けると踏んでいるようだった。彼はFBIがらみの話が大好きだ、どんなに残酷でも。喫茶店でダーリンの真ん前に座り、待ちきれないように、「ねえ、どうしてイクラとウニで顔が真っ青になるの？」と聞いている。

　ダーリンは私に話したのと同じ理由を、力を込めて話している。ところが友人は一通りの説明では飽き足らず、それで、とか、こんな場合はどうなの、とか細部までいろいろと突っ込んで聞くのである。ダーリンは嫌な思い出のはずなのに、なんだか話が加熱していく。

　私はおいしい食事の余韻が消えていくのが悔しかった。いい加減にしろ。1時間も死体と食べ物の類似点を探し続けるこの二人は、同じ穴のむじなであった。

世界中でトイレのドアを5センチ開け、斜めチェック

「犯罪者は世界中でドアの裏側にいる！」

　これがダーリンの持論である。そ、そりゃあ、部屋の真ん中で待ってるわけはないと思うよ。アクションものの映画見たって、ほとんど待ち伏せているのはドアの裏だもん。

「君は映画で見ただけかもしれないけど、僕たちはそれが日常だったんだからね。ドアの前に立つと一瞬、体がこわばるんだ。僕が日本の障子を好きなのは、美しいということに加えて、人影がすぐに分かって安全確認をできるっていうこともあるからだ」

そうだったのか。ハワイで日系人の建具屋さんに障子16枚も作ってもらっていたのは、そういうわけなのね。それを全部日本に持ってくるなんて。しかも、あの障子は寸法が高さ2メートルもあって日本のサイズと違うし、紙部分を白く薄いプラスティックで代用している。だから、ただ窓に立てかけるしか使いようがなかった。ドアよりも外の人影を発見しやすい分、実は部屋の中にいる私たちのプライバシーも微妙に見えてしまいそうだけれど。

ダーリンがどんなドアも恐れるのは、まあ分かった。怖い体験の話を聞くと私もドア裏は怖くなる。しかし、何せ自分では実際にそんな怖さに遭遇したことがないから、すぐに忘れてしまうのだった。

しかし、ダーリンは日本の居酒屋のトイレでもどこでも入り方がFBIっぽいのである。ドアの前に立ち、ドアノブのサインがブルーになっていて空いていることが分かっても、コンコンとノックし、数秒おいて再びノックする。いよいよ開けるというときには、ドアノブを握り5センチほど開いて、体を斜めにしながらドア裏、中を注意深く見てやっと大きく開いて入っていく。

だいたい居酒屋に体の大きな外人がいるだけでも珍しい。おまけに居酒屋はトイレの位置が分かりやすい。大きな外人が恐る恐る細心の注意を払ってトイレに入っていく様子は店内のどこにいてもとても目立つ。お客さんはつい、ビールのジョッキや杯を持つ手を止め、何事かと見つめてしまう。

アメリカに行くとさらに大変だ。ほとんどの移動が車という社会だから、道路沿いのファミレスやコンビニはもちろん、バーでも雑貨店でもトイレだけ借りることは当たり前になっている。入り口にいる店員さんに一言断ればそれでOKなのだ。

だがしかし、アメリカは広い。うっかりすると次にファミレスやハンバーガーショップにたどり着くまで2、3時間なんてこともある。ダーリンは長時間トイレに行かなくてもすむようにトレーニングを積んできたらしいけど、私はそういうわけにはいかない。娘が幼かった頃はいっそう忙しかった。ダーリンには、自分がトイレに行きたくなくても、ファミレスやコンビニを見つけたらとりあえずは声をかけてね、と頼んでいた。

アメリカに帰国していたあるとき、車は周囲に何も見えない平原をひたすら走っていた。娘がもぞもぞしている。私もトイレ休憩をしたいと思っていたけれど、とにかく高速道路の周りには民家一つない。あとどれくらいかとダーリンに聞くと30分くらいだと言う。娘は口を一文字に結んで、うん、とうなずいたきりじっとしているしかなかった。
長い30分だった。ストロベリーフィールズという地名のあたりにファミレスとドライブインがあった。私と娘が急いでトイレに駆け込もうとしたら、後ろから車を駐車場に入れたダーリンが来て、待て、と言う。

こんなときでも、ダーリンはいつもの慎重なトイレチェックを励行するのだ。入り口の店員さんに断り、家族3人で店内に入り、身もだえする私と娘を残してトイレゾーンに行く。とっとと調べてきてよ、と思うけどなかなかである。やっと戻ってきた。例によって5センチ開け斜めチェックをやっていたのである。

「女性トイレの中までは全部調べられないから、ベイビーと君が一緒に行って、君が先にドアの裏、足元、備品置き場を調べてから、彼女を入れるんだよ。くれぐれも注意深く教えているようにやるんだよ」

やりましたとも。パパの言っていることを私が勝手に、まあどうせ平気よ、と無視してしまったらやっぱり信頼関係が崩れるからまずい。
ドアの開いていることをチェック、5センチ開けて体を斜めにしながら中を確認。誰もいないことが分かったら体を滑り込ませるダーリン直伝FBI式トイレ利用法なのだ。怪しい行動の東洋人女性とそばで我慢している女の子を、アメリカ人の子がじっと見ていた。分かるよ、変なのは。私だってやりたくない。やっと娘をトイレに入れたら、そのアメリカ人の女の子のママが入ってきた。

「ハイ、ジニー。何してるの、遅いわね。もういいんでしょ」

「ママ、あの人たち空いてるドアの前でずっと立ってるから、トイレの入り方が分からないのかもしれないと思って、教えてあげようと思ってたの」

大きなアメリカママは、私をぎろりとにらんでから、「ノー　プロブレム！　イッツ　ノット　ユア　ジョブ！」とわが子を引きずって出て行った。どうみても、こっちが変質者として疑われたじゃないの、情けない。アメリカでもダーリンのやり方は異常なんだということがこのときよく分かった。ダーリンはもしかしたら20年か30年前のクラシックな方法を守っているのかもしれない。

そして、大学生になった娘は今も、ときどきトイレに入るときに、友人より先に行ってドアチェックすることがある、と笑っていた。

熱いうちに打たれちゃった鉄なのである。

渋谷で新宿で。歩行喫煙者に禁煙指導

ここまでタバコが嫌いか、と驚くほどダーリンはタバコ嫌いである。出会った多くのアメリカ人はタバコに対してはっきりＮＯという。でも、あれほど膨大な広告が流れていたのだし、タバコ会社はつぶれていないのだから愛煙家はまだまだいるはずだ。ダーリンが日本に住まいを移した頃は、日本では喫茶店も、居酒屋も、ホテルも、レストランも禁煙席はほとんどなかったし、列車や飛行機が禁煙になるなんて予想もしなかった。歩きタバコしている人もたくさんいた。

私が結婚してから、なるべく自宅で食事を作るしかないか、と決心した理由の一番はこのタバコだった。街でお茶一杯飲みに入っても、ダーリンはタバコを吸っている人ににらみをきかせる。なるべく人と離れた席に座っても、にらんでいる。

ある日曜日の昼下がり。私たちは自宅にほど近いカフェに出かけた。木立の下に小さな丸

テーブルをいくつも出しているお店で、小さなタルトがおいしい。何より屋外なので、タバコの煙にぴりぴりせずにリラックスできることが何よりうれしかった。

ところが、その屋外の隣の席に喫煙者の若い男性たちが座った。ダーリンは、早くもにらんでいる。でも、声は出さない。私に念を押されているから。しかし、ごつい外人にずっとにらまれている彼らはたまったもんじゃない。

「あの、なんかまずいですかね？」土地柄か、お坊ちゃんぽい青年が、私に聞く。

「もしかして、タバコの煙が流れていってますか？」もう一人が尋ねる。

大丈夫です、外なので風に乗っていってしまうから、と私は心遣いにお礼を言ってダーリンの膝に手を置き、とんとんと叩いて制した。いい人たちだよ。すると、ダーリンは私のほうを見て首を振っている。このままじゃダメだ、というふうに。じゃあ、タルトを平らげてさっさと出ようとフォークを持ち上げた私を尻目に、ダーリンは青年たちに向き直ってこう言った。

「話が分かってくださる方々だと思って、お願いがあるんです。僕とワイフはタバコがどうしても苦手なんだけど、今来たばかりだし、ここでもう少しゆっくりしたいんだ。せめて30分間だけ吸わないでいてもらえないか」

丁寧である。青年たちが礼儀正しく感じがよかったので、ダーリンもお願いに出た。

すると一人がこう言った。

「30分も吸わないのは、僕たちだってつまらない。ここで座っていい空気の中でタバコを吸うのが楽しみなんですから。他の席に移ってあげたくても、もうどこも空いてないしね」

私は気がもめてきた。ダーリンは、タバコは体に悪いよ、ガンや肺炎の原因になるよ、とあらぬ方向から青年たちを説得している。これ以上踏み込むと周囲のお客さんにも気まずい。と、そのとき、ダーリンはグッドアイディアがあるよ、とうれしそうに言った。

「席交換しようよ、僕たち。風下と風上を入れ替えれば、君たちのタバコの煙は来ない。僕は君たちが嫌いなんじゃなくて、タバコが嫌いなだけだから」

当たり前である。やさしい青年たちは、ダーリンの一言、「君たちが嫌いなんじゃなくて、タバコが嫌いなんだ」という言葉に笑い出した。

「なんだかすっきりした理由で気持ちよいですね。言いたいことをはっきり言うおじさんも面白いなあ」


そして席替えは簡単に成立したのだった。私はこのとき、ものすごく感心してしまった。

この笑って受け入れてくれた青年にである。二十歳そこそこにしか見えないのに、なんて大人なの君。ダーリンが去り際に「タバコやめろよ。フォー　ユア　セイフティ」と挨拶したら、笑顔で手を振った。できるな、おぬし。

この青年の対応にすっかり気をよくしたダーリンは、この後からたまに、1日2時間くらい渋谷とか新宿の通りに立つことが増える。歩行喫煙者を見ると寄っていって、ぽんと肩を叩くようになった。きょとんとしているタバコおじさんのタバコを指差して、「NO、NO」と言い、覚えたてのニッコリ攻撃で「フォー　ユア　セイフティ」と笑いかける。

見ていると相手の反応はさまざまで面白い。

「ふざけんな、このガイジン」とはき捨てるように言うおじさん。

「いいじゃんよ、あたしもう二十歳だしぃ～」とにらむ女の子。

「けっ！」と言ってその場にタバコを投げ捨てたお兄さんは、ダーリンに捕まってタバコを拾わされ、わめきながら持って帰ったりしている。

中には、「あ、すんません」と謝る人もやっぱりいるのである。

ダーリンはのたまった。「悪を阻止する人間は、どこでも必要なのだ」と。ううむ、そうかもしれないけど。

そうこうするうち、近くの交番のおまわりさんからお礼を言われるようになり、2時間の自主職務が終わると、交番でお茶を1杯ごちそうになるようになった。自分も警察勤務だったことを話したら、いっぺんで市民の健康や安全を守る心が通じたという。今もわが家には、その頃交番のおまわりさんと握手して撮影した写真が残っている。

なかなか入り込めない日本の地域社会で、その交番はダーリンにとって数少ない大切な居場所の一つになった。

「足を引っ込めろ」「席を詰めろ」車内マナー指導、続行中

ダーリンは、日本の列車が好きだ。国土のすみずみまでこんなに交通機関が発達している

ことに、いたく感動した。そして、これこそが文化だと目を輝かせ、「ハワイには自分の車を置きっぱなしにしているけど、日本では車は要らないよ」と宣言したのである。

来日してすぐの頃、ローカル線に乗せて日本の田舎をあちこち旅したことがよかったのかもしれなかった。1時間も揺られていると広がり始める田園風景。小さなトンネルや渓流に歓声を上げる。

「こんなみずみずしい景色は、やっぱり日本なんだよね」と喜んだ。狭い向かい合わせの4人がけ席はいかにも窮屈そうだったが、地元のおばちゃんたちは気持ちよく相席にしてくれたし、すぐ打ち解けてくれた。ダーリンのいくつものローカル線の旅については、またゆっくり書きたいと思う。

ただ、そんなふうに素敵な印象を日本の列車に持っていたので、毎日の電車利用では、どうしても納得がいかないようだった。

「郊外の列車ではあんなに親切で温かい日本人が、都市部の電車の中ではこんなに冷たいのか。同じ日本人とは思えないよ」

そう毎日言い続けていたが、ある日、帰ってきて、「ついに、言っちゃったよ」と笑っている。

「どう見てもマナーに反すると思えた若い男性に、通路にそんなに足伸ばさないでまっすぐ座れって言いました。彼はへっという顔して、足引っ込めたよ」

ふ〜む。ダーリンの様子から察すると、もっといろいろやったな。母親の顔色をうかがって都合のいいことだけ話すような気配があった。ダーリンのプロファイリングの練習のおかげで、私も結構、人の表情を読めるようになっている。で、それだけだったの？

「うん、たいしたことはないよ。電車に乗ったら、まず通路に足を突き出してる男がいたから引っ込めろと言い、やたらに間を空けて座ってる何人かにつめて座りませんかと忠告したんだ。みんなそそくさとやってくれたけど」

で、空いた隙間《すきま》に座ったの？

「そんなことしないよ。近くに立っていた女性に座ったらと合図したさ」

気持ちは分かる。で、その人は座ったの？

「ううん、僕のそばから逃げていった。それでだれも座ろうとしないから、少し離れたところにいる年配の女性に声かけて、あそこが空いてるよと指差したんだけど、彼女は何度も何度も手を顔の前で振って遠慮するんだよ。車内の人が全員見てるし、恥ずかしかったんだと思う。でも、なんだか疲れた顔してたから座らせてあげたかったんだけどね」

私は、ダーリンにその行為をやめろと言うことができなかった。同じ思いがあったからだ。でも自分は勇気がなくてできない。

ダーリンはその後も、シルバーシートに座って寝ている若い人を起こして老人を座らせたり、子どもを抱いている母親の席を確保したりし続けた。一車両終わると、隣の車両に移ってまた始めるのである。ちょっとやりすぎ。でも一緒にいない限り阻止できない。「おばあさんから感謝されちゃったよ」といいところだけしか話さないし、まあ、好きなだけやったらいいわと腹をくくった。

それから半年くらい後のことだ。いつも夜7時には帰ってくるのに連絡もなく、すでに時計は9時を回っている。まあ、ダーリンを襲う物好きもいないだろうし、何か用事だろうと待っていたらワイシャツに泥のような汚れをつけて帰ってきた。顔に傷はない。えへへ、と照れ笑いしながら、ちょっといろいろやりました、と言う。

「いつものように、シルバーシートに座っている若いやつに立ってもらって、年老いた女性に席を譲らせたわけ。そうしたら、そいつが怒って次の駅で外へ出ろって言うんだ。目が血走っていて、相当頭に血が上っているようだったから、ついて降りた。そうしたらプラットホームで殴りかかってくるんだよ。サッチャ　ブレイブ　ボーイ！」

確かに勇敢というか、無謀というか。ダーリンは空手の受身でよけ続けたそうだ。でも、ダーリンのお願いの仕方が威圧的だったのではないだろうか。そこまで怒るなんてよっぽどのことじゃないの？

「でもさ、僕がよけ続けているうちに彼はバテてきたんだよ。動きがスローモーションになってきてね。それでもやめないから、受け止めながら、君のお父さんはどんな人なの、とか、君は何をしてるのとか、聞いたんだ。日本語で答えてたけど何だか寂しそうだった。だからね、まるでキャッチボールするみたいに、彼のパンチを受け止めながら30分も外にいた。そのうち疲れて、もういいやって帰っていった」

その男の子、今はどうしているかな。ダーリンを覚えているかな。しかし、それはそれとして、ダーリンの車内交通整理は、少しだけ控えめになってそれから後も続いた。

ダーリン、地下鉄サリン事件を予告する

1994年6月、松本サリン事件が起きた日、ダーリンは食い入るようにテレビ報道を見ながら、「テロだ」と何度も何度もつぶやいていた。

その地域の住民が第一通報者であり、あろうことかその人が容疑者であるという報道がなされたとき、「絶対に彼ではない」と断言した。ごく普通の生活を家族と営んでいる一市民が、自分の住んでいる土地であれほどの殺戮《さつりく》をするはずがない。「画面で顔を見た限り、彼はテロリストではない」

そしてダーリンは、すぐ警察に電話をしろと言う。ええ、なんて言えばいいの？　テレビ見てましたが、直感で彼は犯人ではないです、と言うの？　そんなことできないよ。根拠を示せって言われるに決まってる。

じれったがって、ダーリンはリタイアしている友人の警察関係者に電話をかけた。日本の元警視総監である。蛇《じゃ》の道は蛇《へび》。ダーリンは個人で危機管理の仕事を始めてから、日本の警察ＯＢとネットワークを作っていたのだ。電話口でまくし立てている声が聞こえる。しかし、相手はダーリンをなだめにかかっているようだった。それはそうだろう。現役を退いたら捜査権も発言権もない。ただ、電話口の彼も、住民は犯人ではないと思うと判断していたそうである。

ダーリンはそれからすぐさまパソコンに向かい、アメリカのＦＢＩのＯＢネットワークと連絡を取り、日本の報道から得たニュースソースを猛烈な勢いで送り続けている。今の現状を見る限り、これはいったい何だと思うか？　と質問をぶつけていた。それから続々とメールが返ってきたが、たくさんの意見を総合するとやはり、テロだろうということだった。日本には危険なカルト集団はいないのかという質問も含まれていたようだ。

その中に一人、毒ガスの専門家がいたらしい。ダーリンは興奮して彼の見解をこう説明してくれた。

「毒ガスを用いて人を殺戮する場合、標的とする人間がいないことが多い。なぜなら人ではなく場所を狙っていく方法だからだ。もし標的とする人間がその地域に含まれているとするなら、個人への恨みではなく、権力とか企業のトップとか象徴的なポジションにいる人物だろう」

ダーリンはその次に恐ろしいことを言った。

「彼は、これがカルト集団の仕業だとしたら、また次があるよと言ってる。今回のは小規模すぎて、実験的な匂いがするって」

その1週間後、やはりワイドショー番組で、アメリカの毒ガス専門家の見解として、また同じことが起きると警告する報道があった。しかし、テロというのは警備が難しい。一刻も早く犯人組織を特定して抑え込むしか予防法はないと言っていた。

翌1995年3月、ついに地下鉄サリン事件が起きる。テレビの報道が通勤時間帯の異常事態を伝え、報道が本格化し始めたのは午前9時頃だった。

画面に映し出される人々は地べたにうずくまり、苦しそうにあえぐ様子が分かる。倒れながら空を切る人の手が見えた。ダーリンは、「毒ガスだ！」と叫んでいた。発生している駅は地下鉄の丸ノ内線、日比谷線、千代田線内の計5駅。ただただ驚いてテレビ画面を見ているだけの私に、ダーリンはこう言った。

「君の友人、仕事先の関係者にすぐに電話しろ。地下鉄駅構内にはもう入れないと思うけれど、とにかく近くに行くな、同じ路線に乗るなと。それから道路の表面にある地下鉄の通風孔の上を歩くな、と言いなさい。毒ガスは時間を経てもどこかに残っている場合がある。とくに地下鉄の構内は空気がたまるから、外気とつながっているところは危ない」

私は大きくうなずいて受話器を取り、友人、仕事先、クライアントなどへ電話をかけた。笑って取り合わない人もいたし、そんなこと分かってるから大丈夫だと言う人もいた。仕事中にいきなり電話がかかってきて、「危ないから通風孔のある道は歩かないでね」と言われても、そりゃあ変だと思うだろう。逆の立場だったら、私だって何をいきなり言い出すんだと笑ったに違いない。しかし、とりあえず伝えることだけはしておきたかった。

後日、被害状況が刻々と報道される中で、やはり事件が起きた路線の周辺駅、通過した駅、それから通風孔の上にも毒ガスが広がって被害が出たことが分かる。

ダーリンは、世界でも類のない、市民生活の場で毒ガスが使われたことに、ショックを隠しきれなかった。アメリカでは1950年代にボストン市で毒ガスによる事件が起きたことがあるそうだが、それ以後の記録はないらしい。

「サリンは非常に危険な毒ガス兵器だからね。国際的な軍事協定では使用が禁じられているはずだよ。それなのに、この日本で使われるなんて、僕はまだ頭が混乱している。簡単に作れる毒ガスではないからね。サリンは無色無臭だから、体に症状が出るまでは分からない。でもこれからも、とにかく、目がチカチカするとか、のどや頭が痛いとか、少しでも自覚症状があったら極力その場の空気を深く吸わないことだ。毒ガスはサリンだけじゃない。もっと簡単に手に入るものもあるから、模倣犯が出る可能性もある」

ダーリンは、私に、外出時にはいつも水の入ったペットボトルとハンカチだけは持つようにと指示した。異変があったらハンカチを水でぬらして目や顔を拭《ふ》き、次にハンカチをしっかりぬらして鼻と口を覆い、最小限の呼吸をしろと。その後オウム真理教に捜査のメスが入るまで、ダーリンは忙しく情報をアメリカに送り続けていたようだ。

今でも、私が当時あわてて電話をかけたクライアントとこの話になることがある。「一瞬何を言ってるんだろうと思ったけど、電話をもらってよかった」と。通風孔の上を歩くといまだになんとなく嫌な気分になるそうだ。

おわりに

毎日ミッションを果たす思いで過ごしてきたダーリンとの結婚生活も二十数年。風船割り禁止令を出された5歳の娘は、20歳の大学生になりました。仕事が人生のすべてだった私が、妻と母であることを楽しみながら、仕事にも全力を注ぎ続けてこられたのは、やはりダーリンの愛（のムチ！）と包容力のおかげです。

ダーリンは、自分が正義と信じることは決して曲げず、なぜそうしなければならないのかを、言葉を尽くし行動で示して、何とか相手に伝えようとします。人にどう見られるかよりも、やるべきことをやるのが大事。ダーリンと一緒にいると、日本の明治男やサムライはこんなだったのではと思わされます。

ときにはダーリンの頑固さに我慢がならず、娘を連れて逃亡しようかと思ったこともありました。海外に出ればFBIにはとてもかないませんが、日本の田舎の奥深くだったら、きっとダーリンを撒《ま》くこともできたはず……。

でも、後から振り返れば、相手の言うことが無理難題に思えるのは、自分の容量がいっぱいいっぱいのとき。自分が何かを見直さなければならない踊り場にいるとき、プロ精神に徹したダーリンの考え方はとても合理的で、私は何度も壁を乗り越えることができました。

　また日本という自分の文化圏で異文化の人と暮らすことは、私たちの社会が外国人に開かれていないこと、日本人の多くが過去に刷り込まれた情報や古い偏見のまえで思考停止してしまっていることに気づく、学びの場でした。犯罪を憎み、礼儀を重んじ、お年寄りや弱者に心を配ろうとして一生懸命のダーリンは、忘れてはいけない「古き良き日本人」の姿を教えてくれました。

　ここに書ききれなかったドタバタはもちろんまだたくさんあります。ダーリンは子育ても危機管理最優先のＦＢＩ流で、ご近所や学校で山ほどの笑いと騒動を引き起こします。巻き込まれた娘こそいい迷惑だと思うのですが、娘はパパのことが大好き。わが子ながらよくできた娘です。そんなこともまたいつかみなさんにお話しする機会があれば幸いです。


　最後になりましたが出版の機会を作ってくださったエリエス・ブック・コンサルティングの土井英司代表取締役には心からお礼を申し上げます。人生の折り返し地点を過ぎた私に、新しい扉を開いてくださいました。また、たくさんの励ましをくださった「10年愛」のみなさま、ありがとう。

　編集の小木田順子さんには本当に辛抱強く励ましていただきました。あきらめずに原稿の完成を待ってくださって、ありがとうございます。
そしてダーリンと娘に。心から、あふれる愛と感謝を捧げます。

2008年12月

田中ミエ

最後のミッションがやってきた
――文庫版刊行に寄せて

それは2010年夏。ダーリンがアメリカへすぐ来るようにと言ってきた。正確にはダーリンの元の仕事仲間、ミスター・アンダーソンからのメールだ。返信して何事かと尋ねても、何の説明もなく、ただ来てほしいとあった。胸騒ぎがした。

実は、ダーリンは数年前からカリフォルニアにいた。長い間ひとりにしてしまった高齢の母のそばにしばらくいてあげたい、介護の真似事でもいいからやりたいと。また、アメリカでもう一度仕事を再開したい希望もあった。日本ではかなわなかった犯罪の調査会社をつくる計画が実現していた。

そして、もう一つの渡米の要因は、大腸にできたポリープの治療だ。もちろん、日本の病院でだって十分に診てもらうことはできる。最初のころの診察こそ、私も一緒に出かけたけれど、それ以後はしぶしぶひとりで通院を始めた。しかし、不安は大きいようだった。

「僕はものすごく簡単な英語で話してるのに、通じないんだよ。それにドクターがそっけない。きっと能力が低いのをごまかしてるんだと思う」

おいおい。

20年以上も日本にいたダーリンだけれど、言葉の壁と、医療への不満はなかなか超えられない。アメリカに戻ってきちんと治したいと切望した。そして初期の大腸がんが見つかる。

幸いに手術が功を奏して、それからは元気にアメリカと日本を行き来できたが、日本では手に入らない薬もあるからと頑固に言い張って、ダーリンは生活の拠点を母国に置いていた。

仕事を何とか片付け娘と降り立った空港で、「ジムの奥さんですか?」と2メートル近い初老の男性が声をかけてきた。ミスター・アンダーソンかと聞くと、「いや違います、仲間ですが。アンダーソンは外で待っていますから」。

ゲートを出ると、アンダーソンさんらしき男性が走り寄ってきた。日に焼けてがっしりとした体つき、ダーリンとは全く個性が違う笑いじわが刻まれている。そして挨拶もそこそこに、素早い動きで私たちのスーツケースをさっさと車に積み込み、ハイウェイをすっ飛ばす。

病院に向かっていると思っていたが、着いた先はホテルだ。そしてまた、とっとと私たちのスーツケースを運び始めた。その背中が「なにも聞くな」と言っている。心臓がバクンバクンと音を立てて鳴った。

アンダーソンさんがカードキーでロックを開け、スーツケースを廊下に置いたまま、ゆっくりドアを開き私たちを先に部屋に入れた。広い部屋だ。大きなマホガニーのドレッサーがある。そのドレッサーの上に黒く四角い箱が置かれていた。白いラベルが貼られている。

そこには長い桁数のナンバリングとダーリンの名前が印字されていた。


私たちが泣き崩れ、落ち着いたところでアンダーソンさんはやっと、慰めの言葉をつぶやいた。

「危機管理の鬼のような男だったからね。どこで何があってもことがスムーズに運ぶように、用意周到だった。ワイフは忙しい仕事をしているし、娘はまだ大学生だから、彼女たちの生活を乱したくないといって、ある保険に入っていたんだ」

それは危険な仕事をする人たちが加入する保険だった。世界中のどこで命を落としても、その場で荼毘《だび》に付し、死後の処理を請け負う、業務遂行の保険だ。業務遂行といっても生命保険や傷害保険とは異なり、内容はいたってシンプルなものである。書き記してある人間に連絡をすること。遺骨は書き記した本人の手に渡るように万全を尽くすこと。書類にある記載内容は遺書として機能する。ただそれだけ。

急激に容体が悪化したときに、ダーリンはアンダーソンさんに保険のことを託し、ワイフと娘にはすべてが終わってから連絡してほしいと頼んだ。やつれてボロボロになった姿を見せたくないからと言ったそうである。

やっぱり、相当のナルシストだよ、ダーリン。

その日からホテルに遺骨を置いたまま、保険契約書に記された遺書に従い、死後のさまざまな公的な手続きに奔走した。ダーリンが最期を過ごしたホスピス、いくつかの銀行、私書箱、保険会社、アパートメント。仕組みが分からない、勝手が分からない、規約内容が書いてある英語書類の内容が理解できない。毎日、毎日、頭が割れそうだった。

錆びついた英語で、でっぷりと太った銀行員に口座を閉鎖する手続きを食い下がって聞いた。普通預金と定期預金では違うという。ダーリンの遺書には残金は娘に渡されるとなっているが、小切手化して持ち帰るならアメリカの住民ナンバーをすぐ持ってこいという。二重国籍を持つ娘は、確かにアメリカ国民として登録されているが、それってどこでもらうの？

市役所ってあるの、どこに？

悲しんでいるひまもない。ダーリン、私にこんなことができると思っていたの？

結局、アンダーソンさんが仕事を休んで協力を申し出てくれた。どこに行くにもついてきてくれる。朝にはホテルへ迎えに寄り、契約内容の履行交渉、役所への送迎、銀行との交渉など付きっきりで手を貸してくれる。私たちの疲労具合を見ながら、食事のことも気にかけ、ほっとするレストランに連れて行ってくれる。「パパとおんなじだね、みんなここまでやるのかな」と娘が言った。へとへとになりながら、予想もしなかった数日が嵐のように過ぎた。

アンダーソンさんに心からお礼を言い、遺骨を抱えてサンフランシスコの中心にあるホテルへ移った。初めて遺骨と対面したホテルにいるのが、どうしても苦しかったからだ。

娘と二人で遺骨の箱をなでながら、「これから、どうする？」と気のない質問をする。

彼女は「何か、パパとの思い出になるところへ行こうよ。あのさ、サンフランシスコ湾の沖合にある監獄にいかない？　アルカトラズ島」。やっぱりFBIの娘である。変だ。

そして、私たちは翌朝、かつてはアル・カポネも収監されていた元連邦刑務所、アルカトラズ島へ向かうことにしたのである。ダーリンが、「僕は少し似ている気がする」と思いこんでいたクリント・イーストウッド主演の映画『アルカトラズからの脱出』の舞台へ。

サンフランシスコ湾からフェリーでわずか10分。今は刑務所跡だけが残されているアルカトラズ島は荒涼としていて、夏だというのに歯の根が合わないほど寒かった。炎天下の東京から取るものもとりあえずやってきた私たちは、冷房対策にと持ってきた薄い上着しかない。島のまわりには寒流が渦巻いていて、泳いで脱出しようとしてもその冷たさで体が動かなくなり、潮の勢いに流されてしまうそうだ。だからこの島からの脱走に成功した囚人はいないと案内書にある。

囚人たちが収監されていた建物は大きく、牢屋は3階建てで世界初の冷暖房完備の刑務所だったそうだ。う〜ん、自慢はそこですか。しかしひとり分のスペースはみすぼらしいベッドとトイレだけの3畳くらい。食堂は全員が一堂に会して食事をとるために、天井が高く広々としているが、その広さが寒々しい。そして発電所や情報受信室、運動場などの崩れかけた施設が点在している。鉛色の風景の中に、すさまじい数のカモメが飛び交っていた。

多くの観光客はものの20分で見終わり、一時間半に一回やってくるフェリーを待って波止場に列をつくりあっという間に帰っていく。私も早く帰りたいと思ったが、娘はまったく違った。小さなカメラを手に島の隅々まで見て回り、刑務所の中を真剣にのぞき、すべての展示物と、その横に書かれている説明を読みつくした。まるで、父親が憎んだ犯罪者の世界を体感して帰ろうというように6時間も島にいたのである。

波止場のそばにある土産店では一本のスプーンを買った。ちょっと黒ずんだペラペラ金属の、この食堂スプーンこそ、脱獄を企てた囚人たちが牢獄の床を削ったといわれる道具だ。不気味なお土産だった。

日が傾き始めた島から、手が届きそうな距離に大都会サンフランシスコの明かりが見える。この近さに囚人たちは苛立《いらだ》っただろう。ダーリンが決して私たち家族には話さなかった犯罪者の世界。彼らを捕らえ、監獄に送り込むことが仕事だった、その一端を私たち親子はこんな形で覗《のぞ》き見ることになったのだ。普段は何事もない顔をしているのに、ときどき顔を出したダーリンの過剰な危機管理に納得がいく。「いままで分からなかったね」と娘はぽつりと言った。

そして翌日、私たちは遺骨を抱え空港へ向かった。だが、手荷物検査で引っ掛かりまくる。ダーリンの遺骨は、日本のように骨の形が残っているわけではなく、高温で火葬して粉のように砕いてあった。そう、「白い粉」なのである。

検査官は私たちに鋭い視線を送ると、並ぶ人の列から引っ張り出し、別の場所へ移動させる。試験管や透過機械が置かれたテーブルの前で、「ドラッグじゃないのか?」と聞かれる。「夫の遺骨です」とむきになって答えると、中をすべて調べるから待てと、箱を開け、砕かれた骨を少し取り出して試薬を垂らし始めた。次に箱の下にコインを置いて外からレーザーのような光線をあてている。骨の中に異種の粉物質がまぎれていても、これで感知できるのだという。

没収されたらどうしようという不安と、好奇心でその作業をにらんでいたら、また別のごつい検査官が「誰の遺骨だ?」と低い声で聞いてきた。「夫です」と答えている私に娘が寄り添ってきたとき、彼の顔がふっと優しくなった。麻薬の運び屋かもしれない女たちが、実は家族をなくしたかわいそうな母と娘だと伝わったようだった。

「麻薬捜査官だったパパが、最後は自分が疑われるなんて。空港で麻薬を憎む検査官を呼び寄せて同業の仲間に別れを告げたのかも知れないね。パパ、素敵なオチだった(笑)」

もちろん日本の手荷物検査でもお呼びがかかったのだった。

「世界のどこで命を終えても、別々でいても、お墓は一緒に入ろうね」と、ダーリンと私には暗黙の約束があった。簡単な内輪のお別れだけをして、私は遺骨をずっと手元に置いていた。私の両親が眠る京都の墓地にするか、ダーリンが大好きだった天竜寺や南禅寺にするか。

娘と二人で訪ね歩きながら、ふと、娘が5年間通った近くの保育園がお寺の経営だったことを思い出してご住職を訪ねた。夫婦二人で入れる永代供養墓を建設中だとうかがって、すうっと気持ちが安らかになっていった。ご住職は、保育園のお迎えにやってくるダーリンをよく覚えていてくださった。

運がいいよダーリン。楽しかった思い出がいっぱい詰まったこの土地で一緒にいよう。とんでもなく面白い人生をありがとう。

そして、娘のほっとした顔が心から嬉しかった。

田中ミエ

2012年1月

この作品は二〇〇八年十二月小社より刊行されたものです。

幻冬舎文庫

●最新刊
パリごはん
雨宮塔子

大忙しのパティシエの夫、かけがえのない二人の子ども、愛情溢れる友人たち……。心通わす人たちと囲む幸せな食卓は人生を豊かにしてくれる。食事を中心に、パリでの日々を綴ったエッセイ。

●最新刊
禁触 a BOY loves a WOMAN
桜井亜美

女として満たされない思いを抱えつつも、夫と三人の子供に恵まれ充実した日々を送っていた中学音楽教師の倫子。だが、教え子で14歳の瑛に強く惹かれてしまい——。甘く切なく淫らな恋愛小説。

●最新刊
幸せになっちゃ、おしまい
平　安寿子

幸せは不幸とワンセット。恋愛、お金、仕事。願いが叶っても、次は不幸が来る。だけど、不幸なまま、頑張れることは楽しいぞ——。シニカルな視点に励まされる、タイラ節満載の痛快エッセイ。

●最新刊
百万円と苦虫女
タナダユキ

ひょんなことから前科ものになってしまった鈴子は、「百万円貯めては住処を転々とする」ことを決め、旅に出た……。うまく生きられない女の子の、ほろ苦くも優しい気持ちになる、恋の物語。

●最新刊
夜にはずっと深い夜を
鳥居みゆき

「きたないものがきらいなきれいなおかあさん」「真夜中のひとりごとが止まらないシズカ」「花言葉で未来を占う華子」……。過剰な愛と死への欲望に取り付かれた女たちが紡ぐ孤独の物語。

ダンナ様《さま》はFBI

田《た》中《なか》ミエ

平成24年2月10日　初版発行
平成26年7月30日　3版発行

発行人——石原正康
編集人——菊地朱雅子
発行所——株式会社幻冬舎
〒151-0051東京都渋谷区千駄ヶ谷4-9-7
電話　03(5411)6222(営業)
　　　03(5411)6211(編集)
振替00120-8-767643

印刷・製本—株式会社 光邦
装丁者——高橋雅之

幻冬舎文庫

ISBN978-4-344-41806-6　C0195　た-50-1